세 남자
이야기

끝나지 않은 개혁

세 남자 이야기: 끝나지 않은 개혁

© 소재원, 2020

1판 1쇄 인쇄__2020년 1월 1일
1판 1쇄 발행__2020년 1월 5일

지은이__소재원
펴낸이__홍정표
펴낸곳__작가와비평
　　　　등록__제2018-000059호
　　　　이메일__edit@gcbook.co.kr

공급처__(주)글로벌콘텐츠출판그룹
　　　　대표__홍정표　이사__김미미　편집__김봄 이예진 권군오 홍명지
　　　　기획·마케팅__노경민 이종훈
　　　　주소__서울특별시 강동구 풍성로 87-6(성내동)
　　　　전화__02) 488-3280　팩스__02) 488-3281
　　　　홈페이지__http://www.gcbook.co.kr

값 13,800원
ISBN 979-11-5592-237-8　03810

※ 이 책은 본사와 저자의 허락 없이는 내용의 일부 또는 전체의 무단 전재나 복제, 광전자 매체
　수록 등을 금합니다.
※ 잘못된 책은 구입처에서 바꾸어 드립니다.

세 남자
이야기

끝나지 않은 개혁

소재원 지음

작가와비평

| 목차 |

돌을 던지는 자와
그 돌을 서슴없이 맞는 자

1

대한민국 19대 대통령인 문재인은 돌을 던지는 자들 앞에 당당히 서기로 다짐했다.

이미 결심은 서 있었다. 한 번도 흔들리지 않았다. 주위의 반대까지 설득하느라 시간이 조금 걸렸을 뿐이다.

조국을 장관으로 임명하기 위한 과정은 험난했다. 몇 개월 전에 임명한 검찰총장 윤승렬의 극심한 반대에 부딪혔기 때문이다. 윤승렬은 총리와 민정수석을 만나 문재인의 다짐을 철회해 줄 것을 몇 번이나 요구했다.

조국에게 결격사유가 많다고 했다. 만약 임명을 강행하게 된다면 청문회에서부터 엄청난 난관에 부딪힐 것이며 검찰 역시 그냥 보고 있을 수만은 없다고 경고했다. 총리와 민정수석은 끊임없이 경고장을 보내오는 윤승렬의 메시지를 문재인에게 하루가 멀다 하고 전달해야 했다.

보다 못한 문재인이 윤승렬을 직접 만났다. 공식적인 자리를 빌어 당당하게 돌파하기 위해 정식 초대를 요청했다.

윤승렬은 단번에 달려왔다. 이른 조찬 회의를 마친 후 문재인이 그와 단둘이 남아있었다. 사람들이 빠져나가자마자 그는 다급히 입을 열었다.

"대통령께서 조국 후보에 대한 믿음이 두터우신 건 알겠지만..."

곧장 본론으로 들어가려는 윤승렬의 입이 막혔다. 문재인이 거침없이 물어왔다.

"조국 장관의 결격사유가 뭡니까?"

망설임 없이 윤승렬이 대답했다.

"이미 총리님과 민정수석님께 보고를 올렸지만..."

이번에도 문재인이 과감하게 말을 잘랐다.

"이미 들어서 알고 있습니다. 표창장? 그걸 위조했다는 정보가 있다고요? 그리고 조카에 대한 문제도 있고, 동생도 꽤 문제가 많다고요?"

"이미 알고 계시면서 굳이 위험을 자처하시는 이유를 도무지 모르겠습니다."

"의혹을 사실로 가정하시는 겁니까?"

"작은 의혹도 대통령께는 위협이 되실 수 있기에 드리는 말씀입니다."

"가족들 의혹 말고 조국 장관 자체의 의혹은 있나요?"

윤승렬은 대답을 하지 못했다. 문재인이 다시 물었다.

"다른 사람들처럼 위장전입이나 직접적인 탈세, 다운계약서, 음주운전 등의 문제가 있느냐는 말입니다. 다른 장관들이 당연하다는 듯 가지고 있었던 의혹이나 범죄사실, 위법사항들이 조국 장관 본인에게도 있는지 궁금하군요."

조국을 벌써 몇 번째 장관이라고 칭하고 있는 문재인이었다. 이미 마음을 굳혔다고 말하고 있는 것이었다. 윤승렬은 대답하지 못했다. 조국에게선 어떠한 의혹이나 혐의가 발견되지 않았다.

문재인이 정중하지만 매서운 목소리를 냈다.

"윤 총장님. 총장님께선 의혹이 없으셨습니까? 아내 분에 대한 의혹도 있었고 윤 총장님 자체도 있었습니다. 아! 계엄령에 대한 의혹은 엄청났습니다. 계엄령 문건에 총장님의 흔적이 남겨져 있었다고 전해 들었는데요."

윤승렬의 등이 오싹해졌다. 식은땀이 흘러내렸다. 그는 재빨리 말했다.

"오해십니다. 절대 그런 일 없습니다. 의혹일 뿐입니다. 그런 사실 없습니다."

"전 총장님을 믿었습니다. 말 그대로 사실이 아닌 의혹일 뿐이었으니까요. 그런데 조국 장관은 믿지 말라 하시니 좀 황당합니다. 가족들에게 의혹이 있을 뿐입니다. 사실이 아닌 의혹 말입니다. 더군다나 조국 장관 자체는 그 어떤 의혹도 나오지 않고 있지 않습니까."

윤승렬의 입은 더 열리지 않았다. 문재인이 일어섰다.

"다음 회의가 있어서 이만 가보겠습니다."

문재인이 회의실을 빠져나가려다 문 앞에서 가만히 앉아있는 윤승렬을 돌아봤다.

"의혹이 있고 증거가 있으시면 수사를 하시면 됩니다.

청와대나 저는 검찰의 수사에 일절 관여 하지 않습니다. 하지만 만약에 말입니다."

윤승렬이 차갑게 느껴지는 문재인의 말투에 침을 꼴깍 삼켰다.

"제가 노파심에서 말씀드리지만 말입니다."

"네. 대통령님 말씀하십시오."

문재인이 윤승렬을 뚫어져라 바라봤다.

"제가 국민 앞에 약속했던 개혁의 의지를 반대하려고 그러시는 거라면..."

윤승렬이 벌떡 일어나 말했다.

"어찌 그런 말씀을 하십니까. 전 단지 대통령께서 공격을 받으실까봐..."

윤승렬이 말끝을 흐렸다. 문재인이 흔들리지 않는 마음을 확실히 전했다.

"모든 건 국민과의 약속과 법대로 진행하게 될 겁니다. 제가 공격을 당하든 아니든 그건 총장님이 염려해 주실 문제가 아닙니다. 총장님을 임명할 때 제가 분명히 말씀드렸습니다. 헌법을 지키고 국민을 보호하는 검찰로 이끌어 주시라고요. 그 이외에 어떤 것도 총장님께 바라지 않습니다."

문재인이 돌아서서 나갔다. 윤승렬이 홀로 남아 이를 갈았다. 턱 근육이 살벌하게 움직였다.

"그래. 분명히 법대로 수사 하라고 했어. 분명히."

윤승렬이 청와대를 빠져나와 차에 오르자마자 야당 대표에게 전화를 걸었다.

"대표님. 조국 후보에 관한 몇 가지 의혹들이 있는데 말입니다."

건너편에서 들려오는 목소리는 윤승렬을 살짝 경계하고 있었다.

"그걸 왜 대통령께서 임명하신 총장님께서 야당 대표인 제게 말씀 하시는 거죠?"

윤승렬의 다음 말은 야당 대표에게 강한 믿음을 안겼다.

"위기 상황에 여야가 어디 있습니까. 아쉽게도 대통령을 설득시키지 못했습니다. 야당도 별 볼일 없이 청문회를 마무리 하실 테고, 대한민국이 혼란에 빠지지 않으려면 우리가 힘을 합치는 방법만이 유일합니다."

윤승렬의 짧은 말 한마디가 야당 대표에게 알 수 없는 울림을 전했다. 야당 대표의 경계심은 예상외로

쉽게 허물어졌다.

"조만간 만나야 하지 않겠습니까? 빠르면 빠를수록 좋을 듯 합니다만."

2

조국은 어느 날과 다름없이 넥타이를 매기 시작했다.

어느 날과 다름없이 아침 6시 30분에 하루를 시작했다. 어느 날과 다름없이 아내 장민영이 깰까 조심조심 침대에서 내려와 거실로 슬며시 걸음을 옮겼다. 안방 화장실 물소리가 염려스러워 수십 년째 거실 화장실을 사용하는 그였다. 세수를 하고 면도를 말끔히 한 그가 거실로 나왔다. 여느 때 같았으면 커피를 내리기 위해 곧장 주방으로 걸어가야 했다. 하지만 그의 걸음은 화장실에서 나오자마자 멈춰졌다. 아내 장민영이 소파에 앉아있었다. 그의 걸음이 억지스럽게 주방으로 향했다.

"일찍 일어났네? 몸은 어때? 커피 줄까?"

조국이 주방에서 또 다시 멈칫 했다. 식탁에는 이미 커피가 내려져 있었다. 슬며시 장민영을 바라봤다.

그녀는 멍한 눈으로 하얀 벽을 응시하고 있었다. 그가 아무 말 없이 커피를 한 모금 마셨다. 그녀가 동작 없이 입만 살며시 열었다.

"오늘은 늦잠 좀 잘 줄 알았는데."

힘없는 장민영의 음성이 새어나왔다. 조국은 커피를 들고 그녀가 앉아있는 소파로 걸어가 나란히 앉았다.

"매일 내가 일어나는 시간에 깨어있었다고 들리는데? 그랬다면 좀 당황스럽네. 당신 깨지 않도록 내가 얼마나 조심했었는데."

조국이 따뜻하게 말했다. 화제를 돌리고 싶었다. 미안했다. 떨리는 목소리를 들려주고 싶지 않아 가벼운 이야기를 던졌다.

장민영이 그의 손을 찾았다. 그녀 눈은 여전히 벽을 바라봤다. 두려움 가득한 눈빛이었다.

"당신 넥타이 밤에 골라놓고 잔 거 아니야. 당신 거실 화장실 갔을 때 잠시 일어나서 골라 놓고 다시 잔 거지."

조국이 몰랐던 사실이었다. 익숙해진 아침 풍경은 항상 화장실에서 씻고 커피를 마신 다음 옷 방으로 향하게 만들었다. 옷 방으로 향하면 제일 먼저 거울 앞에 놓여있는 넥타이가 눈에 띄었다. 그는 지금까지 밤에 장민영이 골라놓은 넥타이라 생각했었다. 단 한 번도 그녀가 골라 놓은 넥타이를 외면한 적이 없었다. 그는 답례로 그녀가 좋아하는 라떼를 보온통에 가득 담아 식탁에 올려놓고 출근을 했었다.

조국은 놀랐지만 애써 장민영의 손을 따뜻하게 잡아주며 침착함을 유지했다.

"그럼 오늘은 골라났어?"

"아니."

"나가지 않았으면 해서?"

"어. 설득할 수 있으면 하려고."

"골라주면 안될까? 당신이 골라주는 동안 나 라떼 만들고 있을게. 어제처럼 라떼 가지고 당신은 학교로 출근하면 되는 거야. 응?"

장민영이 서글픈 눈으로 조국을 돌아봤다. 입술을 깨물어 눈물을 참고 있었다.

"꼭 그래야겠어? 오늘도 기어이 나가야겠어?"

"응. 당신에겐 미안하지만. 우리 딸 미연이에게는 면목 없지만 나가야겠어."

장민영은 조국의 체온으로 따뜻해지고 있던 손을

냅다 거둬갔다. 그녀는 서둘러 눈물을 닦아냈다. 민망해진 그의 손이 커피잔을 매만졌지만 시선은 온전히 그녀에게 향해 있었다. 시선을 느낀 그녀가 벌떡 일어났다.

"골라줄게. 기다려."

조국의 시선을 피한 장민영은 서둘러 옷 방으로 들어가 버렸다.

오늘은 장민영이 직접 넥타이를 매주고 있었다. 조국은 그녀와 대화를 하고 싶었다. 넥타이를 매는 시간이면 부담스럽지 않게 적당히 그녀를 위로할 수 있을 것 같았다.

"우리 가족이 공격당하는 거 힘들었지?"

장민영의 손은 거침이 없었다. 시원시원하게 넥타이를 단단히 매고 있었다.

"아니. 하나도 힘들지 않았어. 하도 억울해서 윤승렬 그 자식 뒤통수를 갈겨버리고 싶었을 뿐이야."

"고생 많았어. 당신도 우리 미연이도."

"결국 더 고생하라는 말이잖아. 더 참아내고 살아가라는 말이잖아. 거짓말과 온갖 더러운 짓거리들 더 견디라는 말이잖아.”

“할 말이 없네. 미안해서.”

넥타이가 조국의 목에 완벽하게 자리 잡았다. 장민영이 거의 셔츠를 가볍게 쓸어내리며 주름을 펴는 시늉을 했다. 그가 그녀를 안았다. 그녀가 그의 품에서 말했다.

“두렵긴 한데, 조금 더 견딜 수 있을 것 같아. 조금만 더 견뎌보도록 할게.”

3

돌을 맞기 위한 걸음을 시작했다.

조국은 법무부 장관 임명장을 받기 위해 집을 나섰다. 기자들이 그의 집 앞을 막아서고 있었다. 하는 수 없이 간단한 소감을 전했다. 얻어맞기를 자초하는 사람치고는 변명이 간소했다.

“검찰개혁을 위해 모든 힘을 쏟을 것을 약속드립니다.”

어떤 질문도 받을 수 없었다. 급하게 문재인을 만나야 했다. 함께 모든 걸 포기하기 위해선 확답이 필요했다.

조국이 뒷좌석에 올랐다. 승용차가 출발했다. 조수석에 타고 있던 민정수석 황필성이 돌아서 악수를 건넸다. 그가 민정수석 자리를 내려놓자 임명된 오랜 정치적 동지였다.

"고생 많았어. 대통령께서 기다리고 계셔."

조국은 악수를 하며 한숨을 뱉었다.

"이 정도일 줄은 몰랐어. 말도 안 되는 거짓말을 검찰과 야당이 끝까지 물고 늘어질 줄 누가 알았겠어?"

황필성이 정면의 도로를 응시했다.

"그래서 임명되기 전에 대통령과 비공식 자리를 마련한 거야. 자네의 선택은 아직 유효해. 대통령께서도 어떤 선택이든 이해하실 거야."

"자네 아까 내가 한 말 못 들었어?"

"무슨 말? 검찰개혁 할 거라는 말? 들었지!"

"그럼 완수는 해야지."

"가족은? 괜찮겠어?"

"희생 없이 거저 얻을 거라고는 생각 안 했어. 뜬금없이 표창장이 문제가 될진 몰랐지만."

황필성이 어이가 없다는 표정으로 실소를 터트렸다.

"정말 그래. 표창장 하나가 온 국민을 들었다 났다 할 줄 누가 알았겠어? 수백만 기사를 만들어 낼 줄 누가 알았겠냐고. 어이없지 않아? 강원랜드 비리보다, 국회의원 자녀 취업비리와 음주운전 사건보다 더 많은 기사가 쏟아지고 있잖아."

황필성과는 다르게 조국의 표정은 굳어져 있었다.

"증명된 거지. 야당과 검찰만이 공생관계가 아니라는 것이. 언론까지도 한통속이라는 걸 대놓고 증명하고 있잖아."

황필성이 고개를 돌렸다. 조국을 보며 미소를 지으며 농담을 건넸다.

"표창장 위조 정말 안 했어? 솔직히 말하시오! 조국장관!"

위엄을 섞은 장난스런 말투에 조국이 피식 웃었다. 웃음과 동시에 한숨이 밀려왔다.

"안 했어도 한 게 됐잖아. 진실은 음모가 돼 버리고 있잖아. 야당과 검찰과 언론이란 삼권에 의해."

문재인이 차가운 커피 두 잔을 직접 들고 집무실로 들어왔다. 조국이 초조하게 소파에 앉아 기다리고 있다가 문이 열리자마자 일어났다. 그는 너그러운 웃음과 여유를 보였다.

"앉아있어요."

조국이 머뭇거렸다. 문재인이 먼저 앉으며 커피 한 잔을 그에게 밀어줬다.

"따뜻한 커피가 속을 더 태울까봐 특별히 시원한 커피로 했어요. 괜찮죠?"

그제야 조국이 천천히 무릎을 굽혀 자리에 앉아 커피를 손에 들었다.

"대통령께서는 커피 안 드시지 않습니까?"

문재인이 보란 듯이 커피를 마셨다.

"조국 후보가 좋아하잖아요. 오늘은 마셔야 할 것 같아서요. 조국 후보 취향대로."

후보라 칭했다. 아직 조국에게 선택의 여지는 열려 있다는 배려였다. 그도 커피를 홀쩍 넘겼다. 그가 시원해진 목청을 시원하게 열어 보였다.

"제가 버텨야 하는 시간은 언제까지입니까?"

"내 계획대로라면 한 달 정도입니다. 물론 그 안에 개혁의 초석은 마련해주셔야 하고요."

"확신하십니까? 검찰개혁이 이뤄질 거란 걸? 끝까지 이겨낼 자신이 있으신 겁니까?"

"대한민국 건국 이후 독재정권조차 건드리지 않았던 권력이 검찰이었습니다. 자신할 순 없죠. 대신해보는 겁니다. 누구도 침범할 엄두도 내지 못했던 권력을 해체시키는 도전을 말입니다."

급격하게 속이 타들어간 조국이 벌컥벌컥 커피를 마셨다. 보기 좋게 한 잔을 완벽히 비워냈다. 문재인이 자신의 커피를 그에게 밀어줬다.

"한 모금 마시긴 했는데 괜찮으시면 드세요. 알다시피 전 커피를 좋아하지 않으니."

사양하지 않았다. 조국이 문재인의 커피를 반쯤 비워냈다. 개혁의 두려움이 아닌 쉽사리 묻기 어려운 질문에 대한 답답함이 만들어낸 행동이었다. 문재인이 인내심을 가지고 기다렸다.

"일부러 시간 넉넉하게 만나자고 했어요. 조국 후보가 충분히 궁금한 것들 물어봐요. 전부 진실만 대답할

게요. 그게 장관으로 달려갈 목적이 될 수 있다면."

문재인의 짧은 말 한마디가 조국의 입을 거침없게 만들었다.

"검찰은 이미 야당과 언론을 통해 분열을 조장하고 있습니다. 부패를 지키기 위해 대놓고 활동을 시작했습니다."

"조국 후보 딸이 받은 표창장 말씀하시는 건가요? 또 조카 문제? 원래 해왔던 그들의 수법 아닙니까. 마치 표창창이 조작인 것처럼, 조카 문제에 개입한 것처럼 꾸미고 거짓을 퍼뜨리는 거. 그래서 국민을 둘로 분열시키는 거. 익숙하잖아요. 그들의 계략에 한두 번 넘어가봅니까?"

"그럼 예상하셨다는 말씀이 되겠군요."

"네."

두 남자 사이에 교류되는 미묘한 눈빛이 긴장감을 고조시켰다. 문재인은 검찰과 정치권, 언론이 벌일 행동을 예측하고 있었다. 한 달만 버티면서 개혁의 불씨를 지피라 이야기하고 있었다.

그 이야기인즉슨 문재인은 검찰개혁 과정을 법무부 장관에게만 맡기지 않을 거란 말과 같았다. 더 먼

미래를 위해 다른 계획들을 세워놓고 있다는 반증이었다. 조국은 직설적으로 물었다.

"다른 계획이 있으신 거지요?"

문재인은 부인하지 않았다. 망설임 없이 진실을 말했다.

"물론이지요."

"혹시 그게 제가 지금 예상한 대로인지 여쭤봐도 될까요? 제가 계획한 그대로인지, 대통령께서도 같은 마음이신지 확인하고 싶습니다."

이미 두 남자의 눈은 서로를 읽어 내려가고 있었다. 문재인이 천연덕스럽게 물었다.

"대충 맞는 것 같긴 한데 확실한 약속을 내게 받아내려면 내 생각을 한번 후보 입으로 직접 풀어보시겠습니까?"

조국은 나머지 커피를 전부 들이켜고 속을 진정시킨 후 신중하게 입을 열었다. 너무 거대한 계획인지라 정리가 필요했다. 이미 머리는 정리를 완벽하게 끝냈지만 입은 어찌 풀어내야 할지 상당히 고민이 되고 있었다. 다행인 것은 아직 임명장을 받기까지 3시간 정도가 남아있다는 점이었다. 그는 시간적 여유를 위로 삼으며 입을 열었다.

"검찰의 진실을 국민에게 알리려는 것이 아니십니까? 어차피 어떠한 증거도 나오지 않을 겁니다. 표창장도 조카나 동생 문제도 말입니다. 전 어떠한 개입도 하지 않았으니까요. 그래도 검찰은 끝까지 수사하려 할 겁니다. 제게 면박을 주고 법무부의 권위를 떨어뜨려 국민들에게 개혁을 불신하게 만들기 위해 사력을 다할 것입니다. 법무부 장관의 비리를 파헤치려는 검찰의 손발을 묶기 위해 개혁 카드를 들고 나온 것처럼 국민들에게 보이고 싶어 할 것이 분명합니다. 그러려면 무리한 수사와 기소를 계속 해나가야 하겠죠. 범죄를 저지른 장관인양 국민들을 속여야 하니까요. 대통령께서는 그런 검찰의 모습을 국민에게 그대로 노출시키고 보여주려는 것이 아닙니까? 당장 국민은 분열되겠지만 결과는 뻔하니까요. 증거 없는 무리한 수사와 기소. 자신들의 권력을 지키기 위해 벌인 정치쇼라는 걸 스스로 인정할 수 있도록 더 적나라하게 그들이 발버둥치는 모습을 국민에게 알리려 하시는 것이 아닙니까?"

문재인이 공감하며 고개를 끄덕였다. 이윽고 조용히

눈을 감고 조국의 말을 귀담아듣기 시작했다.

조국이 문재인의 행동에 더욱 열띤 주장을 표출했다.

"제가 검찰개혁에 대한 초석을 발표하고 공수처 설치에 대한 방안을 발표하면 검찰은 더욱 절 죽이려 달려들 것입니다. 하지만 검찰과 언론의 허위 사실공표는 재판결과 앞에서 끝내 진실을 드러내게 되겠죠. 그때 국민들은 노무현 대통령의 논두렁 시계를 떠올릴 겁니다. 있지도 않은 사실을 검찰이 언론에 흘린 추악한 사건 말입니다."

노무현의 이야기가 나오자 문재인이 살짝 눈을 떴다. 뭔가 울컥하는 것을 참으려는 듯 입술을 굳게 다물며 턱을 구겼다. 조국은 망설이지 않았다. 대통령이 어떤 마음인지 알고 있었지만 말을 쉬지 않았다.

"결국 국민들은 깨닫게 될 겁니다. 검찰이 권력을 지켜내기 위해 국민에게 거짓을 고했다는 사실을 말입니다. 국민들은 노무현 대통령님 때 이후로 두 번이나 경험한 권력의 거짓에 절대 당하지 않을 겁니다. 그럼 총선은 승리로 끝날 테고 청와대뿐만 아니라 국회까지도 검찰개혁에 앞장서게 될 테죠. 제가 말씀드린 계획이 대통령께서 생각하시는 계획과 일치하십니까?"

문재인은 조국의 말이 이어질수록 긍정의 표정을 보였다. 그가 물음으로 말을 끝맺자 즉각 답변을 내려줬다.

"맞습니다. 법무부나 청와대만으로 검찰개혁을 이룰 수 없습니다. 국회까지 힘을 실어줘야 가능합니다. 난 반드시 검찰개혁을 이뤄야 합니다. 그래야 친일과 언론부패, 더러운 정치공작과 기업의 비리를 몰아내고 법의 정의를 바로 세울 수 있습니다."

조국의 눈이 매서웠다. 문재인에게 꼭 듣고 싶었던 약속의 말을 방금 듣긴 했다. 개혁의 이유를 직접 듣고 싶었다. 약속 받고 싶었다. 정의를 바로 세우려는 개혁이란 다짐과 약속 말이다. 하지만 그는 여기에서 멈추지 않았다. 그가 날카롭게 물었다.

"왜 그토록 개혁을 이루려 하십니까? 노무현 대통령님에 대한 복수와 미련이십니까?"

어느 누구도 문재인 앞에서 노무현의 이야기를 꺼내지 않았다. 세상에 둘도 없는 친구이자 유일한 정치적 동지였던 두 남자였다.

설령 문재인이 노무현에 대한 복수를 위해 개혁을 이루려고 한들 누구도 개혁을 반대하지 않았다. 굳이 신경 쓰지 않아도 되는 문제를 조국은 집요하게 파내려 했다.

처음으로 문재인의 눈 밑이 미세하게 떨려오며 어두워졌다. 조국은 전혀 아랑곳하지 않고 꿋꿋하게 대답을 기다렸다.

문재인이 정확한 확답을 위해 입을 열었다. 개혁을 위해선 어떠한 거짓도 없어야 된다는 판단이 머리를 거치지 않은 채 솔직한 대답을 전해줬다.

"맞기도 하고 틀리기도 합니다."

조국은 수수께끼 같은 문재인의 대답에 스스로 해답을 찾으려 하지 않았다.

"어떤 부분이 맞고 어떤 부분이 틀린 겁니까?"

이번만큼은 문재인이 정확하게 짚어줬다.

"복수는 아니지만 미련입니다."

조국은 꿈쩍도 하지 않고 다음 이야기를 경청할 준비를 했다. 복수가 아니라 했다. 그렇다면 됐다. 미련은 분명 많은 의미를 내포하고 있다. 들어야 했다. 정리되지 않은 이야기를 억측할 필요가 없었다. 문재인도 억측의 상황을 만들지 않았다. 이야기는 곧장 이어졌다.

"내 친구이자 국민이 가장 사랑했던 대통령이 바랐던 개혁이었습니다. 언론개혁! 친일청산! 검찰개혁! 투명기업! 사람 사는 세상! 하지만 개혁의 중심에는 검찰이 있었습니다. 모든 비리를 감싸고 봐주는 권력! 그게 바로 검찰이었습니다. 그래서 검찰개혁을 제일 먼저 시작하려고 했었죠. 그런데 어떻게 됐습니까? 검찰과 언론과 친일 세력들은 거짓과 선동으로 내 둘도 없는 친구이자 동지를 죽음으로 몰아갔습니다. 노무현 대통령이 대단한 걸 바랐습니까? 그가 바란 건 단지 진정한 민주주의였습니다. 노력하면 다 잘 살 수 있는 세상이었습니다. 권력이 세상을 독식하지 못하도록 만드는 것이었습니다. 권력은 오직 국민을 위해 존재한다는 걸 일깨워주려 했을 뿐입니다. 그런데 말도 안 되는 논두렁 시계 따위의 거짓 뉴스를 검찰과 친일 세력과 정치권이 만들어 냈고 언론은 그대로 옮겨 적었습니다. 솔직히 말할게요. 제 미련은 둘 다입니다. 대한민국의 권력을 국민에게 돌려주고자 했던, 위대한 내 친구를 잃은 미련과 개혁을 완수하지 못했던 그때의 나에 대한 미련입니다. 그 미련이 나를 대통령으로 만들었습니다. 그리고 실패하지 않으려 합니다. 내 친구와 같이 순진하게 당하지 않으려 합니다. 그러려면 국민들에게 언론의 거짓을 알려야 합니다. 검찰의 무리한 수사와 거짓을 알려야 합니다. 친일 세력과 정치인들이 얼마나 완강히 국민에게 돌아가야 하는 권력을 붙잡고 있는지 보여줘야 합니다. 그러려면 조국 당신이 필요합니다. 당신만은 깨끗하니까요. 검찰이 없는 표창장 위조 카드를 꺼내들고 조카까지 들먹이며 당신을 흔드는 모습을 국민들은 낱낱이 봐야 합니다. 검찰에 휘둘리는 당신을 본 국민들은 내년 총선 때 국회를 개혁의 선봉장으로 만들어 주실 것입니다. 난 그걸 원합니다. 그게 바로 내가 원하는 대한민국입니다."

조국이 만족스러운 얼굴로 서서히 일어났다. 문재인도 일어났다. 그가 대통령에게 악수를 건넸다.

"대통령께선 내년이면 레임덕 기간이십니다. 검찰의 표적수사가 들어오실 겁니다. 노무현 전 대통령때와 같이 말입니다. 결국 우린 둘 다 죽어야 합니다. 희생양일 뿐입니다. 괜찮으세요?"

대통령의 눈가가 촉촉했다. 조국의 손을 잡은 대통령이 다짐을 가득 담아 말했다.

"그 모습조차 국민들은 바라보겠지요. 그리고 새로운 대통령에게 개혁의 마지막을 맡길 겁니다. 우린 그저 희생하면 됩니다. 수치스러운 거짓뉴스들에 농락당하면 됩니다. 그럴수록 국민은 분노할 겁니다. 난 믿습니다. 우리 국민은 진실을 볼 현명함을 가졌습니다. 국민을 믿어야 합니다. 그래야 가능한 개혁이니까요. 결국 국민의 손으로 바꿔야할 개혁이니까요."

문재인 대통령이 조국 장관을 임명했다.

두 남자 사이에 알 수 없는 공통된 뜨거움이 일었다.

두 남자의 가슴은 노무현을 떠올렸다.

기자들 앞에서 한 번 웃어줄 법도 하건만 그들에게서 미소는 찾아볼 수 없었다. 그저 임명장을 주고받으며 앞으로 다가올 자신들의 미래를 서슴없이 받아들이리라 다짐했다.

임명장을 받아 든 조국이 갑자기 문재인을 껴안았다. 돌발 행동 속에 기자들의 셔터가 사정없이 눌러졌다. 문재인은 당황하지 않았다. 친근하게 그의 등을 토닥이며 조용히 속삭였다.

"권력은 마음먹기에 따라 정의가 될 수도, 악이 될

수도 있는 힘이 아니라는 걸 우리가 보여줘야 합니다. 권력이란 국민에게서 나오는 절대 정의라는 걸 반드시 그들에게 깨우쳐 줘야합니다. 우린 할 수 있습니다."

5

"결국 전면전을 하시겠다는 거네."

윤승렬이 검찰 수뇌부들과 총장실에 모여 있었다. 전화를 끊은 그의 얼굴엔 화가 가득했다.

윤승렬의 정보는 뉴스 속보보다 빨랐다. 기자들은 펜보다 핸드폰을 먼저 찾았다. 그는 분명히 대통령에게 충성을 담아 조언을 했었다. 조국을 임명하는 순간 있는 사실이든 없는 사실이든 검찰은 의혹을 철저히 규명할 것이며 국민의 알권리를 충족시키겠노라고.

윤승렬이 허탈감을 감추지 않았다.

"결국 반전은 없네."

검찰 수뇌부의 누구도 입을 열지 않았다. 얼이 나가 기가 제대로 죽어있는 부장 검사들에게 윤승렬은 기운을 돋웠다.

"누구 죽었어?"

아무도 말없이 그저 고개를 숙였다. 윤승렬의 목에 힘이 조금 더 들어갔다.

"역대 어느 정권도 하지 못했던 일이야."

"지금 문재인 대통령은 다른 것 같습니다."

윤승렬의 3기수 아래 후배가 조용히 반항했다. 그가 호탕하게 웃었다.

"노무현 잊었어?"

"그때와 같은 표적수사는 무리입니다. 국민정서가 완전히 바뀌었다고요. SNS, 유튜브 같이 정보를 얻을 곳들도 많아졌고, 또 촛불 정국 지난 지 얼마나 됐다고 요. 표적수사 했다간 국민들 또 광장으로 나옵니다."

"그래서 국민들이 총 들 거야? 아니면 칼 들 거야? 그렇다고 봉기할 거야? 만약 총 들고 칼 들며 봉기한다 면 우린 법대로 처리하면 되는 거야. 국민은 법을 집행 할 권리가 없어! 우리에게 있지. 기껏해야 촛불 들 거 야. 촛불 들고 검찰개혁 외친다고 법이 바뀌는 건 아니 잖아"

"그래서 공수처 설치한다고 조국을 장관으로 임명 한 거잖아요. 우리가 보복하려고 표적수사 하다간 국민들 촛불 들고 나올 테고 대통령은 국민 여론 믿고 공수처 설치해서 우리 모가지 날릴 텐데... 뻔한 시나리오잖아요."

3기수 아래 후배는 조금 더 용기를 내 적극적으로 의견을 피력했다. 윤승렬 역시 발 빠르게 반박했다. 후배는 지지 않았고 다른 검사들은 두 사람의 이야기에 고개를 끄덕였다. 그가 실소를 터뜨렸다.

"만약 우리가 무너지면 누가 제일 먼저 죽는 줄 알아?"

의미심장하면서 자신감 넘치는 윤승렬의 목소리가 사람들에게 희망을 전해줬다. 모두가 그에게서 엄청난 간계가 터져 나오길 간절히 바라고 있었다. 그는 사람들을 실망시키지 않았다.

"친일파 후손들 공수처 생기면 죄다 조사받아. 그놈들이 제대로 인생 살아왔을 것 같아? 이리저리 재산 빼돌리느라 별짓 다 했어. 친일재산 환수는 무조건 공수처의 첫 번째 임무가 될 거야. 그 친일 후손들 대부분 야당이야. 그들이 왜 정치하는 줄 알아? 정치 안하면 뺏기니까. 사학들은 어떨 것 같아? 독재정권 후손들은? 언론사 후손들은? 죄다 걸려 들어가는 거야. 알아? 우리는 어떻게 될까? 김부장!"

윤승렬이 반항을 일삼던 3기수 아래 후배를 날카롭게 불렀다. 바짝 긴장한 후배가 네! 라고 기합을 잔뜩 넣어 대답했다.

"네 아들래미 국제고등학교 보낼 때 누가 도와줬어?"

당황한 3기수 아래 후배가 말을 흐렸다.

"그걸 어떻게..."

윤승렬이 앉아있는 권력들을 향해 하나하나 친절하게 손가락질을 해줬다.

"니들 정치하는 친일파 놈들한테 개발제한구역 풀리는 부동산 정보 받았어? 안 받았어? 다들 아파트 어떻게 샀어? 이렇게 비싼 강남, 서초동에서 검사 월급으로 어떻게들 아파트 사서 살고 있냐고!"

모두가 말없이 숨을 죽였다. 윤승렬은 치밀했다. 동료들의 약점을 이용해 자신의 말에 절대적 동조를 요구할 속셈이었다. 역시 누구도 그에게 반항이나 반론 따위를 생각하지 않겠다고 다짐하고 있었다. 그가 다시 차분하게 냉수를 한 모금 마시더니 부드럽게 말했다.

"우리가 처단해야 할 범죄들이 얼마나 많은지 다들

잊었어? 클럽 마약사건부터 일부러 이때를 대비해서 질질 끌어온 것들 많잖아? 안 그래?"

대답은 없었지만 모두가 동의한다는 표정이었다. 흡족한 윤승렬이 대답을 강요하는 대신 열띤 주장을 이어갔다.

"조국 수사 하면서 국민들 눈 다른 데로 잠시 돌려줄 사건들 많아. 야당이 도와줄 거야. 야당뿐이야? 언론도 그래. 없는 것도 있다고 써 줄 거란 말이야. 우리 해체되면 다 죽어! 우리도 그들 없으면 죽는 거야! 검찰이 무너지면 대한민국 권력은 전부 무너지는 거라고! 청와대랑 여당 빼고 모든 권력과 재벌들이 우리 편이야. 김부장!"

다시 한 번 3기 후배를 불렀다. 아까와는 다른 자신감 넘치는 네! 라는 의기에 찬 목소리가 들려왔다.

"특수부 다른 사건 다 제껴 놔. 조국 표창장 위조수사나 제대로 해. 조국 조카도 무조건 기소해서 뭐가 나오든 다 언론에 흘려. 표창장에 잉크가 번진 것도 위조 흔적이고 표창장 종이가 변색된 것도 위조 흔적인거야. 알겠어? 그럼 나머진 저명한 교수들이나 의원들이 짝 맞춰서 이야기해 줄 거야. 그리고 조국 조카가

진술한 거 죄다 기자들에게 흘려버려. 있는 그대로 진술한 대로만 흘려주면 알아서들 조작하고 변질시킬 거니까."

"네! 총장님!"

윤승렬이 일어났다. 검찰 수뇌부들이 따라 일어났다. 그가 다들 앉아있으라는 손짓을 보였다.

"난 야당 대표 만나고 올 거니까 머리 맞대고 상의들 해봐. 걱정하지마. 우린 누구도 못 건드려."

6

조국이 임명장을 받아들고 법무부로 향하기 위해 청와대를 빠져나오고 있었다. 황필성이 그를 따라 서둘러 달려왔다.

"이봐! 아니! 장관님!"

"또 무슨 소리 하려고? 장난할 기분 아니야."

황필성이 숨을 헐떡거리며 조국을 차 안으로 밀어넣었다.

"나도 장난할 기분 아니야."

"왜 그래?"

"가면서 얘기해."

조국과 동시에 뒷좌석에 몸을 밀어 넣은 황필성이 서둘러 차문을 닫아버렸다.

"대체 뭐야? 너도 가려고?"

황필성이 대답 대신 운전을 하는 비서에게 말했다.

"청와대 한 바퀴만 돌고 법무부로 가는 게 좋을 것 같아."

비서가 곧장 차를 움직였다.

"알겠습니다."

조국이 닦달했다.

"뭔데 그래?"

"윤승렬이 움직였어."

심각한 황필성과는 다르게 조국은 태연했다.

"예상했어."

"쫄리지 않아?"

"이미 그럴 줄 알고 있어서 그런지 별로 감흥이 없네."

"그러니까 젠장! 왜 윤승렬을 총장으로 앉혀가지고. 다 네 탓이야 인마! 그때 민정수석이 너였잖아."

"내가 지금 네 자리 있었을 때 나도 윤승렬 반대했

었다."

"근데? 왜 대통령께서 총장자리를 주신 거야? 나도 알아보니까 완전 구린 거 많던데?"

조국이 대답 대신 비서에게 말했다.

"차 세워줄래? 민정수석님 내리시게."

비서의 반응은 빨랐다. 황필성이 황당하게 조국을 바라봤다.

"민정수석씩이나 하고 있으면 직접 알아봐. 나 빨리 가야하니까 내려."

조국이 차 문을 열고 황필성을 밀어 냈다. 마지못해 내린 황필성이 그 자리에서 가만히 그를 바라봤다.

"간다."

"힘내라."

조국이 말 대신 웃음으로 응답했다.

조국을 태운 관용차가 청와대를 빠져나왔다. 그가 비서에게 나직하게 말했다.

"광화문으로 지나갈 수 있을까?"

"지금 시간에는 좀 막힐 텐데요."

"늦진 않지?"

"네. 늦진 않지만."

"그럼 지나가자."

"네. 그렇게 하겠습니다."

조국은 촛불이 일으킨 혁명의 순간을 기억하고 있었다. 다시 느껴보고 싶었다. 그 때의 함성들을, 평화로 이룬 우리의 바람들을 떠올리고 싶어졌다.

그때 욕심이 생겨났다. 수천만의 촛불이 만든 정의를 대통령과 함께 만들어 보고 싶어졌다. 민정수석으로 내정되던 날 문재인과 등산을 하며 산 정상에서 광화문을 내려다 봤었다. 문재인은 광화문을 바라보며 말했다.

"우리가 기억하고 받들어야 하는 첫 기억이야. 자네도 나와 같은 생각인가?"

"네. 제가 실현하고 싶은 모든 바람이 저곳에서 만들어졌습니다."

조국과 문재인은 마음이 잘 맞았다. 대통령은 나아가고 그는 뒤에서 열심히 보좌했다. 권모술수가 난무하는 정치판에서 대통령의 의지가 꺾이지 않도록 보호하고 지켜냈다. 그가 바라는 모든 것을 대통령도 바라고 있었기에 가능한 행동이었다. 촛불이 이뤄낸

함성의 염원을 지키겠다는 공통된 맹세가 존재했기 때문이었다. 하지만 유일하게 반대되는 입장에 부딪혔던 적이 있다. 바로 윤승렬이었다. 무성한 소문이 존재했다. 그는 촛불정권에는 맞지 않는 인물이라 판단했다. 민정수석실에서 서둘러 보고를 올렸었다. 그가 직접 대통령을 찾아가 총장이 될 인물이 아니라고 반대하기도 여러 번이었다.

집무실을 찾아가 강하게 다시 한 번 재고해 줄 것을 문재인에게 요청할 때였다.

"대통령께서 이번만큼은 제 말씀을 들어주셨으면..."

문재인이 처음으로 조국의 말을 잘랐다.

"한 번만 날 믿어주세요. 지금은 누구에게도 말할 수 없는 비밀이 있는데 나중에 제일 먼저 민정수석님께 말씀드리겠습니다. 부탁입니다."

"오늘도 여전히 여러 사람들이 있긴 하네."

조국을 태운 관용차가 광화문을 지나고 있었다. 세월호 천막이 보였다. 여러 종교 단체들과 진보와 보수가 뒤섞인 시위가 이어지고 있었다. 그는 청와대를 빠져나올 때 마중했던 문재인의 마지막 말이 떠올랐다.

"이제 광화문은 야당과 검찰, 언론에 속은 국민들이 모일 것입니다. 그래도 흔들리지 말고 마음에 꼭 담아주셨으면 합니다. 촛불혁명의 시간들. 반드시 버텨주십시오."

조국이 광화문에 시선을 두고 혼잣말을 했다.

"한 달이라..."

7

문재인 대통령이 집무실에서 TV로 중계되는 조국의 법무부 장관 취임사를 듣고 있었다.

"저희 가족을 검찰이 수사하는데 있어서 어떠한 개입도 할 생각이 없음을 말씀드리지만 검찰개혁을 멈출 생각 역시 없음을 말씀드리고 싶습니다."

그 때 속보를 알리는 붉은색 띠지 안 글씨가 화면에 떴다.

검찰 조국 아내 장민영 교수 교수실과
딸 조미연 자취방 전격 압수수색 대통령의 표정이 급격하게 창백해졌다. 마침 황필성이 다급하게 들어왔다.

"대통령님, 윤승렬 총장이 조 장관 가족들 압수수색을..."

황필성은 핏기 없이 굳은 얼굴로 TV를 보고 있는 대통령을 보고 입을 닫았다. 대통령이 무겁게 말했다.

"윤승렬 총장, 전화 연결해주세요."

8

장민영이 대학병원을 찾았다. 며칠 전 대학 선배 의사에게 몇 가지 검사를 받았었다. 엄청난 모함들이 가져다준 스트레스를 견뎌낼 수 없었다. 처음으로 받아보는 주목은 공포 그 자체였다. 초반엔 그냥 넘어갈 줄 알았다. 있지도 않은 거짓말이 나돌았으니까. 표창장을 위조했다는 황당한 루머에 대응한다면 오히려 오해를 살까 흘려버렸었다. 표창장을 받은 일이 어떻게 이슈가 될 수 있는지 의아하기도 했다. 공부만 해서 내가 상식을 너무 모르는 건가? 라는 의구심이 들 정도였다. 이게 그렇게 큰 일이 될 수 있을까?

거짓말이 수사대상에 오를 수 있는 건가? 진실여부의 관계를 먼저 따져보지도 않고 기소하는 게 대한민국의 법이던가? 누군가를 붙잡고 물어보고 싶었지만 이를 물고 참았다.

상식적으로 판단하면 오해고 거짓이라는 것이 확실해질 것이라 믿었다. 오히려 이딴 저질스러운 거짓말을 화제로 꺼낸 검찰과 언론, 야당의 의원들은 국민의 질타를 받을 거라 확신했다. 그래서 딸 조미연에게도 참으라 했다. 곧 진실이 알려지게 되면 그들은 반드시 처벌을 받을 거라며 억울함과 두려움으로 힘들어하는 딸을 위로했다.

며칠 후면 반드시 그리 될 거라 자신하며 하루하루를 보내다 보니 한 달이 지나버렸다. 그런데 이상하다. 거짓이 진실로 둔갑하고 있다. 말도 안 되는 이야기들이 사실로 호도되고 믿는 이들이 점차 많아진다. 자신이 가르쳤던 젊은이들은 있지도 않은 일들에 박탈감을 느꼈다고 말하고 있다. 뭔가 잘못되고 한참 잘못된 것 같았다.

조미연은 매일 매일 눈물로 지새웠다. 해명하고 싶다고 적극적으로 나섰지만 장민영은 한사코 만류했다.

"아빠를 생각해! 어차피 거짓들 밝혀질 거야! 가족까지 나서면 그들은 또 권력을 이용한 변명이라고 비판할거라고! 조금만 참자. 조금만 더 참으면 돼."

정말 그럴 줄 알았다. 조금만 더 참으면 될 줄 알았다. 우리가 들었던 촛불을 믿었었다. 진실은 침몰하지 않는다는 정의를 믿었다. 그 정의가 바꾼 지금의 세상을 믿었고 국민을 믿었다. 그런데 진실이 가려지고 있다. 진실은 사라지고 거짓이 진실의 탈을 쓴 채 다가오고 있었다.

견딜 수 없어 기절하길 두 번째, 결국 병원을 찾았다. 울화통이 치밀어 올라 더는 견딜 수 없는 상태로 정신을 잃은 게 벌써 두 번이었다. 조국을 출근 시킨 장민영은 조용히 병원으로 향했고 선배에게 뜻밖의 검사 결과를 듣게 됐다.

조국과도 친분이 두터운 나이 지긋한, 친근한 할아버지와 같은 선배가 차분히 말했다.

"민영이 두통이 자주 있다고 했지?"

"네. 선배도 알잖아요. 영국에서 강도를 피하다가 추락사고 당한 거. 그 때 큰 수술을 하고 나서부터 두통은 항상 따라다녀요."

"아닌데."

"뭐가요?"

"종양이야. 그 수술 때문이 아니라고."

"네?"

장민영은 놀란 눈으로 되물었다. 선배 의사는 걱정을 가득 담아 말했다.

"일단 나머지 검사가 아직 안 나와서 더는 말 못하겠지만 종양이야."

장민영이 서둘러 물었다.

"아직 우리 가족한테 말 안 했죠?"

"응. 왜?"

"하지 말아주세요."

이번엔 선배 의사가 놀랐다.

"당장 수술이 필요할 수도 있어. 검사 결과가 나와봐야 알겠지만 내 예상으로는..."

장민영이 단번에 말을 자르며 단호함을 전했다.

"지금 남편은 흔들리면 안 돼요. 아시잖아요. 그리고 우리 미연이도 약해지면 안 된다고요."

그때 전화벨이 울렸다. 조미연의 전화였다.

"선배 잠시만요."

장민영이 서둘러 조용히 전화를 받았다.

"미연아, 엄마가 조금 있다가 다시…"

조미연의 목소리가 다급했다.

"엄마! 검찰이 내 방에서 압수수색 하고 있어!"

장민영이 의자에서 벌떡 일어나며 뭐라고? 라고 물었다. 선배 의사는 놀랐지만 가만히 그녀를 기다렸다. 조미연은 떨리는 목소리를 냈다.

"압수수색 한다고 영장 가져와서 다 뒤지고 있어."

"뭘 뒤져?"

"표창장 찾는다고."

장민영이 이루 말할 수 없는 참담함에 한숨을 내쉬었다.

"뭘 찾는다고?"

머리가 핑 돌았다. 이마에 절로 손이 올라갔다. 뻔했다. 검찰의 행동은 너무도 뻔하디 뻔한 유치한 행동이었다.

"표창장 찾는대."

장민영은 냉정하고 침착하게 말했다. 우스웠다. 그들의 어설픈 행동들이 어린애 같아 보이기도 했다. 촛불이 바꾼 세상을 살아가는 사람들에게 그런 행동이 얼마나 추한 일인지, 그들은 정말 모르고 있는 건지 한심해 보였다. 이런 상황들이 오히려 그녀를 이성적으로 만들었다.

"찾으라고 해. 아빠 면박주려고 하는 행동들이니 너도 동영상으로 다 찍어봐."

"면박?"

"법무부 장관으로 취임하자마자 가족들 압수수색을 하고 있잖아. 그것도 연약한 딸아이 자취방을. 약자를 괴롭히면서 협박하겠다는 거야. 자기들 건드리지 말라고. 다 찍어봐."

장민영의 말은 선배 의사와 조미연을 수긍하게 만들었다.

"알았어. 다 찍어놓고 엄마한테 보내줄게."

"아빠한텐 보내지마."

"응."

조미연이 가라앉은 듯한 차분한 목소리로 전화를 끊었다. 장민영이 선배 의사를 바라봤다.

"보셨죠?"

선배 의사가 안타깝게 말했다.

"당분간은 자네와 나, 둘만 아는 걸로 하지. 근데

검사결과 나오면 바로 튀어와. 알겠지?"

장민영과 선배 의사가 동시에 한숨을 쉬었다.

9

윤승렬이 차 안에서 핸드폰으로 뉴스를 보며 흡족
해 했다. 그때 전화가 걸려왔다. 문재인이었다. 그가
서둘러 운전비서에게 물었다.

"야당 대표 만나기로 한 장소까지 얼마나 남았지?"

"십 분 정도만 더 가면 됩니다."

"그럼 이 근처에 잠시 차 대고 담배 피러 갔다 와."

다행히도 한적한 산길의 이차선 도로였다. 운전비
서는 말이 끝나기 무섭게 차를 세웠다. 비서가 내리
자마자 윤승렬은 낮게 깔린 목소리로 전화를 받았다.

"네. 대통령님."

"뉴스 잘 봤습니다."

"송구합니다."

"꼭 이렇게까지 해야 합니까?"

"제가 전에 말씀드렸었습니다. 전 사람에 충성하
지 않습니다. 법을 따를 뿐이지요."

"이게 법이란 말입니까? 아무런 잘못도 없지 않습니까? 지금까지 수색하고 조사해서 나온 증거도 없지 않습니까? 이 정도 해서 안 나오면 없는 거라 봐도 되는 거 아닙니까?"

"의혹이 남아있는 한 해결해야 하지 않습니까."

"그 의혹이 거짓이잖습니까? 알잖아요. 그 의혹을 만든 건 과연 누굴까요?"

윤승렬은 신뢰감 있는 목소리를 위해 잠시 핸드폰을 멀리한 다음 목을 가다듬었다.

"전 절대 원칙을 지키고 있습니다. 대통령께선 성역 없는 수사를 약속해주셨습니다. 전 의혹을 해소하기 위해 노력할 뿐입니다."

"저와 조국 장관에게 검찰을 건드리지 말란 협박 메시지는 아니고요?"

윤승렬이 당당하고 자신감 넘치는 목소리를 위해 숨을 깊이 들이마셨다.

"아닙니다. 절대 아닙니다. 그런 오해는 거둬주시길 바랍니다."

문재인의 목소리가 무척이나 서늘했다.

"끝까지 해보시길 바랍니다. 윤 총장이 믿는 그대로

해보시길 바랍니다. 어차피 녹음을 하고 있겠지요?"

윤승렬이 당혹감을 감추지 못했다. 이마에서 식은 땀이 흘렀다. 입에서 소리는 흘러나오지 않았지만 모양은 젠장! 이라고 분명히 말하고 있었다. 문재인은 마지막 충고를 끝으로 일방적으로 전화를 끊었다.

"대통령의 공식적인 명령이니 잘 들으시길 바랍니다. 반드시 밝혀내십시오. 그러기 위해 무리한 수사를 강행한 것이라 믿겠습니다. 밝혀내지 못하고 무죄가 나올시 각오하셔야 합니다. 그땐 검찰조직에 무거운 책임을 요구하겠습니다."

윤승렬이 대답하려 숨을 들이쉴 때였다. 핸드폰 너머의 문재인이 일방적으로 전화를 끊어버렸다. 들이쉰 숨이 대답 대신 거친 말을 뱉어냈다.

"젠장! 젠장! 젠장!"

윤승렬이 조수석 시트 머리 부분을 사정없이 주먹으로 내리치며 분노를 강하게 표출했다.

"빌어먹을! 이런 젠장!"

문재인은 전화를 끊자마자 멍한 표정으로 입술을 깨물었다.

"그렇게 나와야지. 그래야 나나 장관이 더 처참하게 망가질 테지."

문재인이 유선전화기를 통해 황필성을 호출했다. 즉각 음성이 전해졌다.

"예. 대통령님."

"지금 여당 대표 잠시 만날 수 있는지 확인 좀 부탁드립니다."

10

윤승렬이 도착한 곳은 한적한 정자가 있는 산 정상 부근이었다. 차에서 내려 약 10여 분 정도 걸어가야만 했는데 체격이 있는 그는 꽤나 숨이 차오르고 있었다.

정자에는 이미 등산복 차림을 한 나연주 야당 의원과 황규연 야당 대표가 도착해 있었다. 윤승렬이 정자에 들어서자마자 황규연이 그를 반겼다.

"멀리까지 오시느라 고생하셨습니다."

"너무 힘든 곳까지 부르셨네요."

"죄송합니다. 보는 눈들은 확실히 차단해야죠. 대신 입은 심심하지 않으실 겁니다."

황규연과 나연주는 배낭을 풀어헤쳤다. 시원한 물과 산해진미들이 가득했다. 윤승렬을 위해 두 사람은 손놀림을 빠르게 움직였다. 그는 물부터 찾아 벌컥벌컥 들이켰다.

"그나저나 황 대표님 머리가 시원시원해서 보기 좋습니다."

황규연은 얼마 전 조국 장관 임명을 반대하며 삭발식을 가졌던 터였다. 덕분에 야당은 지지율 상승을 가져왔고 거친 시위를 즐기는 자들의 지지를 얻을 수 있었다. 보수 지도층이 극단적인 행동을 할 때마다 거친 시위대들의 지지를 받는다는 건 역사가 증명한 공식이었다. 진보와는 전혀 다른 보수들만의 특이한 현상이었는데, 어느 누구도 부인할 수 없는 진리기도 했다.

"고맙습니다. 근데 효과가 좋긴 합니다. SNS에 짤이라고 해서 돌아다닐 정돈데 꽤 긍정적인 이슈가 되고 있습니다."

"그런 이슈면 아주 좋은 거죠. 원래 이슈 좋아하셨잖아요."

"이슈도 이슈 나름이겠지만 이런 좋은 이슈면 가릴

게 뭐 있겠습니까. 그나저나 나연주 의원님까지 동참해주시면 우리 당이 엄청 분발할 텐데요."

황규연이 슬쩍 유도심문을 했다. 나연주가 즉각 반발했다.

"제가요? 저까지요? 장난하세요?"

윤승렬도 가세했다.

"에이! 뭘 그리 정색하십니까. 당의 위기 때 한 번 행동하는 모습을 보이시는 것도..."

나연주가 버럭 화를 냈다.

"하려면 다른 여자 의원들 시키세요! 전 죽어도 못해요! 이거 성희롱인거 아시죠?"

너무 과장된 분노에 윤승렬과 황규연은 말문이 막혔다. 나연주가 음식을 벌려놓고는 젓가락을 두 남자에게 건넸다.

"일단 드시면서 일 얘기나 좀 하자고요. 그딴 쓸데 없는 생각들 마시고."

11

문재인이 여당 대표 임정찬과 가벼운 다과를 곁들이며 소소한 담소를 나누고 있었다. 한 땐 같은 당에서 정치적 동지로 동거동락 했지만 지금은 보이지 않는 벽이 존재했다. 때문에 서로 섣부르게 본론을 꺼내지 못하고 있었다. 황필성은 옆에서 표정 관리를 하며 미소를 잃지 않고 두 사람의 대화를 경청하고 있었다.

안부거리를 전부 소진한 문재인과 임정찬은 애꿎은 황필성을 바라봤다.

임정찬이 먼저 말했다.

"필성이 그래도 성공했어. 청와대까지 다 들어오고."

"대표님 왜 그러십니까. 괜히 저한테까지."

대통령이 끼어들었다.

"그래도 우리 민정수석이 조 장관 대신 잘해주고 계십니다."

황필성이 참다못해 한 마디를 내뱉었다.

"대통령님. 어려운 질문도 아니고 어려운 부탁도 아니지 않습니까."

대통령이 아무 말도 하지 못하고 난처한 표정을

지었다. 이번에 임정찬에게 황필성이 고개를 돌렸다.

"대표님 이미 알고 오셨으면서 그냥 예전 같이 터놓고 말씀하세요."

주변의 공기가 무거워졌다. 황필성이 살며시 일어섰다.

"다과 좀 더 가져오겠습니다. 말씀 나누시며 기다려주십시오."

황필성이 나간 자리엔 적막만이 감돌았다. 지금까지의 상황을 보자면 쉽게 서로의 입이 열리지 않을 것 같았다. 하지만 의외였다. 임정찬이 먼저 본론을 직접 물었다.

"조국 장관의 지지를 말씀하시고 싶으신 거죠? 당내 분위기는 어떤 지도 궁금하실 테고요."

문재인도 더는 쓸데없는 대화로 시간을 낭비하고 싶지 않았다.

"맞습니다. 아마도 예측하건데 여당 내에서도 분열이 일어났을 겁니다. 한쪽은 조국 임명을 부정적으로 바라볼 테고 한쪽은 지지하고 있겠죠. 맞습니까?"

"정확하게 보셨습니다."

"어느 쪽이 더 우세합니까?"

"아직은 우열을 가리기 힘듭니다."

"실망이군요."

"뭐라 드릴 말씀이 아직 없습니다."

문재인은 잠시 생각에 잠겼다. 이 말까지 해도 될는지 고민이 되고 있었다. 임정찬은 대략 어떤 이야기를 어떻게 꺼내야 반감을 덜 가질지 고민하고 있는 대통령이란 걸 알고 있었다. 갈등에 직면한 그를 대신해 말을 꺼냈다.

"대통령께서 무슨 말씀을 하시든 정도가 심하다는 생각은 하지 않을 겁니다. 우리 그랬지 않습니까? 노무현 대통령께서 서거하셨을 때 우리들이 한탄하며 했던 말들을 아직 저도 기억하고 있습니다. 그 때 우리 당이라도 돌아서지 말았어야 했다는..."

문재인의 눈이 번뜩였다. 임정찬을 진지하게 바라보며 한결 수월하게 입을 열었다. 살짝 고민하는 듯하더니 말투를 바꿔 물었다.

"정찬이 넌 어느 쪽인데?"

임정찬도 말투를 바꿨다.

"난 두 번 후회하긴 싫다. 내 동지이자 내 친구를 잃기도 싫고."

"그럼 그때처럼 버리진 말았으면 해. 적어도 국민에게 권력을 돌려주려 한 사람에게 등 돌리진 말자. 무현이가 검찰개혁을 위해 앞장섰을 때 우리 당조차 등을 돌렸지. 그 말은 우리 당에서조차 검찰과 권력을 나눠먹은 이들이 존재한다는 반증이기도 해. 그래서 무현이는 탄핵 심판대에 올라가게 됐어. 국민에게 권력을 돌려준다는 이유가 어이없게도 모든 힘을 잃는 결과를 가져온 거야."

"여전히 우리 당 역시 검찰 덕 좀 본 사람들은 존재해. 이미 드러나고 있지 않나? 개혁의 순수성을 알면서도 조국을 반대하는 목소리를 대놓고 언론에 흘렸던 당내 의원들 말이야. 그들 중에는 내년 공천을 위해 존재감을 드러내려고 쑈한 사람들도 있다지만 대부분은 검찰 덕을 본 사람들이야."

"난 여당이 그런 이들까지도 싹을 잘라버릴 수 있는 기회를 마련하고 싶어."

"너무 서두르는 거 아닌가?"

문재인이 강하게 고개를 흔들었다.

"무현이 때부터 우린 준비하고 있었어. 안 그런가?"

임정찬은 입을 꾹 다물었다. 턱이 구겨졌다. 울먹임

을 참고 있었다. 노무현을 떠올리자니 아련했다. 꿈을 꾸고 있는 것 같았다. 아직도 세 사람이 함께 차 한 잔을 나누며 담배를 태워야 자연스러울 것 같았다.

문재인과 임정찬은 담배를 끊었다. 셋이 아닌 둘이 담배를 태우는 게 낯설었기 때문이다. 차라리 끊어버리는 편이 훨씬 쉬운 일이었다.

임정찬이 문재인의 어깨를 다독이며 주위를 둘러봤다.

"자네가 오늘 이리로 부를지 몰랐어. 무현이가 검찰개혁을 이야기 했던 곳이잖아. 하나도 안 변했네."

유일하게 청와대에서 바뀌지 않은 공간이었다.

역대 대통령들은 신경도 쓰지 않았던 곳이었기에 예전 모습을 유지할 수 있었다. 청와대 안에서도 가장 외진 곳의 공간이었다. 직원들조차 거의 들여다보지 않는 곳이기도 했다. 청소하는 인력들도 일주일에 한 번 와볼까 말까한 곳이었다.

노무현은 이곳을 좋아했었다. 청와대에서 가장 외지고 관심 받지 못하는 초라한 녀석이라며 이곳을 우리라도 아껴주며 초심을 잃지 말자 얘기했던 곳이었다. 청와대 이곳저곳에서 쓰다 버리는 가구들이나 의자를 모아 노무현이 직접 꾸며 놓은 곳이기도 했다.

이곳에서 검찰개혁에 대한 의지를 처음 드러내기도 했었다. 문재인과 임정찬, 노무현은 밤새 이곳에서 줄담배를 태우며 검찰개혁의 계획을 세워나갔었다.

문재인이 청와대에 들어오자마자 제일 먼저 찾아본 곳이기도 했다. 개혁의 의지를 다시금 다지며 대통령이 되자마자 노무현과의 맹세를 떠올리고 싶었기 때문이었다.

한참 노무현에 대한 회상에 각자 빠져있었다. 임정찬이 먼저 입을 열며 문재인에게 조건을 걸었다.

"우리 담배 끊은 지 꽤 됐지?"

"참은 지 오래 됐다는 말이 더 어울리지 않을까?"

"검찰개혁 성공하면 같이 여기서 담배 한 대 피우자. 어때? 그땐 덜 미안할 것 같아. 무현이한테. 둘이 피워도 말이야."

문재인이 웃었다.

"그러자."

임정찬이 그때 그 시절을 남겨놓은 방 안 공기를 흠뻑 들이마시며 말했다.

"다행이야. 총선 전까진 내가 당대표로 남아있을

수 있어서. 버텨볼게. 나도 조국처럼.”

12

산 속의 밤은 빠르게 찾아왔다. 윤승렬은 정자 아래서 말끔히 음식을 비워냈다. 어두워지기 전에 내려가고픈 이들이었기에 누가 뭐라고 할 새도 없이 본격적인 대화가 오고가기 시작했다.

윤승렬은 정리된 내용을 나연주 의원과 황규연 대표에게 통보하듯 꺼냈다.

“먼저 표창장은 사정없이 흔들고 있으니까...”

그때 나연주 의원이 끼어들었다.

“총장님. 근데 그거 좀 살살하시죠.”

“왜요?”

“나까지 불똥 튀잖아요. 우리 아들과 딸 문제까지. 나비효과라고 들어보셨어요? 나비의 날개짓으로 분작은 바람이 태풍으로 돌아올 수 있다는 뜻이에요. 벌써부터 조국 딸자식 문제로 우리 딸하고 아들문제 튀어나오고 있잖아요.”

윤승렬이 어이없이 나연주를 바라봤다. 그녀도 말

똥말똥 그를 뚫어져라 쳐다봤다.

"어차피 그거 고소 들어왔어요. 나중에 이슈 사라지면 알아서 처리할게요. 그러니까 표창장은 끝까지 물고 갑시다. 솔직히 조국 자체를 털 게 별로 없어요. 그러니까 이거라도 끌고 가야죠."

나연주가 확답을 원했다.

"혐의 없는 걸로 결론 내주실거죠?"

윤승렬이 귀찮은 듯 대답했다.

"해 떨어져요. 알았다고요. 빨리 내 말 좀 잘 들어요."

황규연이 진지하게 말했다.

"어련히 총장님이 알아서 하실까 봐요. 경청 좀 합시다."

나연주가 그제야 입을 다물었다. 윤승렬이 다시 말을 이어갔다.

"조국 자체는 구린 게 나오지 않고 있으니까 그다음은 조국 동생을 털어야 해요. 솔직히 조카는 우리가 생각해도 너무 먼 친척이니까. 일단 딸래미랑 친동생부터 털어봅시다."

나연주가 고개를 갸웃거리며 물었다.

"나올 게 있긴 해요?"

"조국네 사학하잖아요! 동생이 그쪽에 관여를 하고 있더라고요. 원래 사학이란 게 털면 무조건 먼지 나니까..."

이번에도 나연주가 강력히 반대했다.

"안 돼요!"

목소리까지 높인 나연주의 반대에 윤승렬이 짜증을 냈다.

"또 왜요!"

나연주도 지지 않았다.

"우리 아버지 사학도 낼 돈들이 꽤 밀려 있단 말이에요. 진보 애들이 제정신인가요? 나까지 또 털 거 아녜요! 그리고 사학문제는 우리 당이 더 크다고요. 이번에 아들이 사고 친 의원님 쪽은 우리 아버지보다 더해요. 그 의원님 사학까지 터지면 진짜 답 없어요. 정치인생 끝난다고요. 그 양반이 집회에 사람들을 얼마나 많이 데리고 나오는데."

"그럼 어쩌자고요!"

윤승렬이 발을 동동 구르며 버럭 짜증을 냈다. 황규연이 윤승렬을 달랬다.

"총장님 잠시 진정하시고요. 다른 방법들도 충분히

낼 수 있지 않습니까? 그리고 총장님이 꺼내신 방도를 쓰지 말자는 게 아니라, 적당히 언론에 흘리며 우리 쪽도 타격입지 않게 적절한 조치들을 취하자는 거예요."

황규연이 서둘러 나연주에게 한마디 했다.

"나의원님. 총장님께서 우릴 위해 열심히 준비해 오셨는데 너무 반대만 하시면 안 되잖아요."

나연주가 시무룩한 표정을 지었다.

"나만 살자고 그래요? 어차피 우린 공동운명체라고요."

윤승렬이 자신의 가슴을 강하게 내리쳤다.

"내가 진짜 못 산다! 이러다 우리 진짜 다 죽어요! 아니면 희생타들 좀 내놓으시던지!"

황규연의 눈빛이 번뜩이며 윤승렬의 말에 강한 지지를 보냈다.

"맞아요! 그 방법이 있었네! 박여혜 대통령과 최순자 징역 보낼 때 저랑 우병완이 살아남은 것처럼! 희생타를 주고 우린 살아남으면 되잖아요!"

나연주가 눈을 번뜩였다.

"쉽게 좀 설명해 봐요."

흥분했던 황규연이 다시 얌전하고 올곧은 목소리를 되찾아 나지막하게 설명을 이어갔다.

"그러니까 검찰이 공정한 수사를 한다는 걸 보여줄 필요도 있잖아요. 어차피 조국네 사학 수사 들어가면 나 의원님네 사학은 이슈를 피해야 하기도 하고."

나연주가 기다리지 못하고 끼어들었다.

"그렇죠. 그래서요?"

못마땅했지만 황교연은 의연함을 잃지 않고 말을 이었다.

"그러니까 조국 동생 수사를 할 때 우리 쪽도 한 사람 이슈화 시켜서 수사 들어가게 하고 희생타로 쓰자는 겁니다. 그럼 나 의원님네 사학은 이슈 될 일도 없잖아요. 내가 박 대통령과 최순자 때문에 이슈에서 묻혔던 것처럼 말이에요."

나연주가 손뼉을 마주쳤다.

"맞아! 그런 방법이 있었네! 그런데 누가 좋을까요? 우리 희생양으로."

윤승렬이 예비해 둔 인물을 단번에 꺼냈다.

"있잖아요. 골칫덩이 김의원. 취업청탁 뇌물 혐의로 기소할겁니다. 괜찮으시죠?"

나연주가 놀라며 바닥에 털썩 주저앉았다.

"김 의원을요? 우리랑 얼마나 오래 싸워 오신 분인데."

황규연이 나연주를 재빨리 부축했다.

"그럼 나 의원님이 이슈 그대로 몰빵 받으시겠어요?"

나연주가 언제 그랬냐는 듯 다리에 힘을 주고 균형을 잡았다.

"갑시다. 김 의원님으로. 총장님, 그 정도면 우리 쪽 희생양으로 꽤 고급진거죠?"

윤승렬이 만족스럽다는 듯 말했다.

"그럼요. 충분합니다. 그대로 밀고 나가시죠. 저희 검찰은 준비 끝냈습니다."

나연주가 맞장구를 치려는데 황규연이 먼저 선수를 쳤다.

"저희도 오늘 안으로 무조건 준비 끝내도록 하겠습니다. 현명한 판단을 존경합니다. 총장님."

나연주가 못마땅하게 황규연을 바라보는 반면, 윤승렬의 얼굴은 만족으로 가득했다.

"대표님과 의원님, 전화위복이라는 말 아시죠? 이

번을 계기로 검찰은 더욱 견고해질 겁니다. 국민에게 보여주는 거예요. 개혁이 필요 없는 공정한 기관이라는 것을요."

황규연이 의미심장한 미소를 담아냈다.

"이제 광화문의 주인이 바뀌겠군요."

나연주가 알 수 없다는 표정으로 황규연을 돌아봤다.

"우리 쪽 다 모여 봤자 얼마나 될 것 같아요? 괜히 웃음거리 되고 뺑튀기 된 우리 지지율도 들통 나는 짓거리를 하시려고 그러세요? 그리고 우리 댓글부대와 선동작업예산 짜내기도 벅찬 상태인거 모르세요?"

황규연이 살짝 짜증을 냈다.

"살려면 다 나올 겁니다. 예전과는 달라요."

"무슨 소리예요?"

윤승렬이 거들었다. 친철한 설명만이 나연주를 이해시킬 수 있다는 판단이 섰다. 두리뭉실한 이야기로 더 시간을 끌거나 입씨름을 할 수 없었다. 해가 넘어가고 있었다. 어둑어둑해진 산길이 마음에 들지 않았다.

"공수처 생기면 검사들과 의원들부터 잡아들일 겁니다. 그럼 야당은 힘을 잃게 되겠죠? 물론 여당 의원들까지 수사하겠지만 까놓고 말해서 우리가 더 많이 딸려 들어가는 건 사실이잖아요. 그럼 여당 지지자들이 좋아하는 개혁들이 줄지어 일어난단 말입니다. 언론개혁, 종교개혁을 시작으로 기업과 군수비리 등등 싹 다 뜯어고치려 할 거라고요. 우린 그냥 자리 살짝 깔아주면 알아서들 살기 위해 나올 겁니다. 걱정마세요."

심각하던 나연주의 얼굴이 밝아졌다. 그녀가 황규연과 윤승렬의 어깨에 손을 올렸다.

"어두워지기 전에 빨리 내려가서 집결시킵시다!"

13

조국의 저녁은 늦었다. 덕분에 장민영과 조미연 역시 식탁 앞에 우두커니 앉아 식어버린 음식을 바라봐야 했다. 오랜만에 가족들이 모이는 자리였다. 모일 수밖에 없는 날이기도 했다. 압수수색을 당한 원망을 쏟아내야 했다. 하지만 그보다 가족으로, 아내로, 자식으로 법무부 장관이 된 아버지를 축하하는 일은 당연했다. 가시밭길보다 더욱 혹독한 길을 선택했다는 것을 알고 있지만 그래도 축하받을 일이었다. 그래서 모였다. 늦어질 것을 예상하고 여유롭게 음식을 장만했다. 아무리 늦어도 가족이 기다린다는 건 알고 있을 거라 생각했다. 연락 한 통 하지 않아도 오늘 같은 날은 분명 서둘러 들어오리라 확신했다. 늦을지라도 시계 바늘이 열한 시를 가리킬 때까지 들어오지 않을 거라고는 상상도 하지 않았다.

어떤 말들이 일단 오고가야 했다. 축하도, 염려도, 추후 나아갈 방향들까지. 하지만 시계는 자정을 향해 서슴없이 달려가는데 아직 조국은 깜깜무소식이었다.

장민영과 조미연은 누구도 연락을 해보려 하지 않았다. 가족의 전화가 부담스러울 자리들일 것이라 판단했다. 지금은 어떤 행동도 공격 대상이 될 수 있었다. 그저 숨죽이고 말없이 기다리는 일이 이들에겐 최선이었다.

다행인걸까?

자정을 30분 남기고 현관문 비밀번호를 누르는 소리가 들려왔다. 장민영과 조미연이 동시에 자리에서 일어나 현관으로 걸어갔다. 현관에 들어서는 조국이 보였다. 그는 자신을 마중하는 두 가족에게 다가갔다.

낡은 가죽 가방을 손에서 내려놓더니 두 사람을 안았다.

"미안해. 수고들 했어. 잘 참아줬어."

14

시계의 초침이 자정을 잠시 알리더니 미련 없이 지나가고 있었다. 문재인은 여전히 임정찬과 다과를 나눈 방에서 홀로 머무르고 있었다. 깊은 고민과 계획들이 머리를 떠나지 않았다. 한숨을 수백 번도 더 뱉었을 것이다. 침묵만이 이어지던 공간에서 그는 딱 한 마디를 던졌다.

"민정수석님 그만 퇴근하세요. 너무 늦었네요."

황필성을 뒤늦게 떠올린 문재인이었다. 곁에 누가 있는지도 모를 만큼 고민의 씨름이 깊었다. 그의 지시에 아무 말 없이 인사만 하고 돌아선 황필성은 못내 아쉬웠는지 나가기 전 한 마디를 꺼냈다.

"대통령님."

문재인이 황필성을 돌아봤다.

"네."

잠시 입술을 깨문 황필성이 용기를 내 입술을 열었다.

"이번엔 성공하실 수 있습니다. 힘내시길 부탁드립니다. 민정수석이 아닌 국민의 한 사람으로, 대통령님을 뽑은 유권자의 한 사람으로 부탁드립니다. 제가 사실 검찰개혁 하신다는 말씀 하나에 대통령님께 투표했거든요."

"누구 뽑았는지 알려주는 거 불법 아닙니까?"

문재인이 수 시간 만에 웃음기를 보이며 물었다. 황필성이 문을 열고 몸을 반쯤 뺀 뒤 화답했다.

"그러니까 꼭 이루셔야죠. 저 같은 사람들이 이것 때문에 뽑았다고 설명드리지 않도록, 이루시면 더는 말할 건덕지도 없잖아요."

"이뤄볼게요. 우리 민정수석 같은 분들이 뭣 때문에 문재인 뽑았다라고 말하며 불법 저지르지 않도록."

황필성이 허리를 굽혀 인사를 한 뒤 조심히 방문을 닫았다. 문재인의 얼굴은 다시 씁쓸한 빛으로 물들어 갔다.

15

조국이 늦은 저녁식사를 가족들과 함께 했다. 서먹한 기운이 감도는 가운데 먼저 말을 꺼내 이끌어야 하는 사람은 그였다. 축하를 해야 하는 건지 위로를 해야 하는 건지 장민영과 조미연은 도무지 갈피를 잡을 수 없었다. 누군가는 장관 집안이 됐다며 엄청난 호사라 말하겠지만 그들에겐 달갑지 않았다.

장관이 되기 전 집안은 이미 초토화 됐다. 대한민국 언론이 가장 많이 거론하는 사람들이 되었고 인터넷에 대통령이나 유명연예인들보다 더 자주 노출됐다. 뿐만 인가? TV에선 얼굴도 모르고 친분도 없는 평론가나 교수라고 칭하는 사람들이 조국과 가족들에 대한 평가를 침이 마르도록 해대고 있었다.

더욱 중요한 건 두 남자가 걸었던 길에 조국이 동참한다는 것이었다. 이미 한 남자는 그 길을 걷다가 생을 마감했다. 뒤를 이은 다른 남자도 내년이면 권력의 힘을 잃는 레임덕 기간이다. 그 길을 그와 함께 걷고자 서슴없이 장관이 되려는 조국이었다. 가족들은 절대 반길 수 없는 일이었다. 세 남자가 걷는 그

길을 멀리서 바라보는 누군가는 지지하겠지만 가족이라면 절대 응원할 수 없었다. 더군다나 가족들 모두가 난도질당하는 고통을 이겨내야만 했다. 그는 지금 가족들이 모인 자리가 축하를 위한 것이 아님을 너무도 잘 알고 있었다. 하지만 가족들이 쉽게 말하지 못했기에 그가 먼저 쌓아두지 않도록 꺼내줘야만 했다.

"힘든 하루였을 거야. 당신도, 우리 미연이도. 축하받을 일도 아닌데 밥상이 오늘 엄청 과했던 거 같은데? 설거지는 내가 할게. 그 전에 우리 얘기 좀 할까?"

조국의 말을 기다린 장민영과 조미연이었다. 이번엔 그가 기다렸다. 말은 아내에게서 먼저 꺼내졌다.

"나야 교수실에 없을 때 왔다갔다지만 미연이는 집에 있는데 들이닥쳤으니 더 놀랐을 거야, 당신도 놀랐지? 우리 때문에. 어쩌면 당신이 가장 분노했겠지? 법무부 장관이 되자마자 가족들을 건드린 검찰이니까."

조국이 조미연의 머리를 쓰다듬었다.

"아빠가 커피 타줄게. 기다려."

조국이 일어나 돌아서며 아내의 어깨를 지긋이 잡았다.

"괜찮아. 이제 시작인데 뭘."

조국이 커피를 타러 걸어가는데 조미연이 그를 멈춰 세웠다.

"아빠 대체 왜 그 일을 하려는 건데?"

잠시 걸음을 멈췄던 조국의 발이 다시 움직였다. 익숙한 손놀림으로 커피포트에 물을 끓이는 동시에 커피잔에 커피를 덜어냈다.

"아빠가 오래 전부터 알던 한 남자가 있었거든."

장민영과 조미연이 가만히 들었다. 조국이 냉장고를 열어 우유를 꺼냈다. 라떼를 만들려는 것이었다. 그의 말은 계속 이어졌다.

"아빠 늘 궁금했었어. 사람들이 슈퍼맨과 같은 능력을 갖게 된다면 과연 어떤 일을 제일 먼저 할지가 말이야."

아무도 말이 없었다. 어느새 커피포트가 끓어올랐다. 조국은 커피 가루가 녹을 정도의 물을 살짝 부었다. 이어 우유를 절반 정도 넣더니 다시 물을 컵 끝까지 채워 넣었다. 라떼가 마시기 좋은 온도를 유지했다. 그가 커피 두 잔을 식탁으로 가져가 장민영과 조미연 앞에 가만히 내려 놨다. 그리고는 자리에 앉아 계속

이야기를 해나갔다.

"대부분의 사람들은 자신의 욕망을 먼저 채울 거라고 확신했어. 가난한 사람은 은행을 턴다거나 누군가가 미운 사람은 그 미운상대를 찾아가 복수를 하겠지. 그 다음 주위를 둘러볼 거야. 아니면 세상을 혼자만의 것으로 독식하려 하겠지. 자신의 욕망을 채운 뒤 주위를 둘러본다는 것만으로도 어쩌면 대단하다고 생각했어. 더 큰 욕망을 바라지 않고 주위를 둘러보긴 하니까 말이야. 역시 대부분의 사람들은 아빠 생각과 다르지 않았어. 거대한 힘이 주어지는 즉시 자신의 욕망을 챙기기 급급했지. 그 다음 주위를 둘러보거나 아니면 독재라는 수단으로 더 큰 욕망을 해결하려고 했어. 그런데 처음으로 그렇지 않은 남자를 알게 된 거야. 그 남자는 엄청난 힘을 손에 쥐자마자 주위를 둘러봤어. 그리고 자신이 마음껏 사용할 수 있는 돈을 내려놓기도 하고 스스로 힘을 약화시켜 주위 힘없는 이들이 강해지길 바라기도 했지."

조미연은 오래전 알던 남자가 누구인지 쉽게 알 수 있었다. 장민영도 마찬가지였다. 조국의 이야기를 마저 들을 필요가 없었다.

조미연이 입을 열었다.

"그 남자를 닮고 싶은 거야? 아빠? 그 남자가 걸어간 길을 따라 걷고 싶은 거야?"

조미연의 감정이 살짝 고조됐다. 장민영은 흐트러짐 없이 조국의 말을 기다렸다. 그가 느긋하게 마주앉은 조미연의 손을 잡았다.

"아니. 같이 걷고 싶은 거야. 그 남자와. 나란히. 닮고 싶지 않아. 어차피 우린 같았으니까."

16

새벽은 빠르게 문재인을 찾아들었다. 여전히 방에서 나가지 않고 생각에 잠겨있는 그였다. 앞으로의 험난한 여정들이 어긋나지 않길 간절하게 바라는 마음이 오히려 불안을 만들었다. 잠들기 위해 침실로 들어가려 했으나 뒤척임으로 아내가, 김정연이 깨는 걸 원치 않았다. 차라리 이곳에서 새우잠을 청하는 편이 훨씬 좋은 방법이라 판단했다. 자려고 몇 번의 시도를 했으나 이내 허리는 세워졌다. 그렇게 맞이한 새벽이었다. 다시 잠을 자기 위한 도전을 하려는 때였다. 내일은 중요한 행사가 아침부터 이어지기에 두 시간이라도 잠을 청하는 편이 이로웠다.

문재인이 소파에 누우려는 찰나 누군가 밖에서 조용히 문을 열었다. 그는 이 시간에 올 사람이라고는 한 사람 밖에 없다는 걸 알았기에 놀라지 않았다.

"당신 안 잤어?"

김정연이었다. 그녀의 손에는 따뜻한 죽 그릇이 들려 있었다.

"밥도 안 먹었잖아요. 이때쯤이면 생각 정리가 좀 됐을 거 같아서 한술 뜨라고 가져왔어요."

김정연이 내려놓은 죽 그릇엔 한가득 전복죽이 담겨 있었다. 문재인이 말없이 숟가락을 들었다. 아직 따뜻한 죽이었다. 그렇다면 미리 준비 해놓지 않았다는 뜻이다. 결국 자신으로 인해 그녀까지 잠들지 못했다는 말이 된다. 그가 고마운 마음을 담아 말했다.

"맛있네. 고마워."

김정연이 다정하게 물었다.

"청와대 들어올 때부터 계획했던 일 아니에요? 걱정하지 말아요. 걱정한다고 달라지는 거 하나도 없어요."

"무현이는 얼마나 힘들었을까? 막상 내가 이렇게

부딪혀보니 힘에 부치긴 하네."

"무현씨도 실패를 알면서 도전해야 했던 것들 때문에 힘들었겠죠? 당신처럼?"

문재인이 전복죽을 입으로 가져가다가 멈칫했다. 김정연이 별일 아니라는 듯 그를 바라봤다.

"실패할 거 알고 있잖아요. 당신이나 조국 장관은. 무현 씨처럼 꺾일 거라는 거 알면서 시작한 거잖아요."

문재인의 입은 열리지 않았다. 김정연은 피식 웃음을 보이며 살며시 그의 어깨에 머리를 의지했다.

"인권변호사 아내로, 정치인 아내로 산 세월이 있는데 이 정도도 몰랐을까 봐요? 무현씨 보내고 나서부터 당신이 준비했다는 것도 알아요. 그래서 참 궁금했어요. 당신은 무현씨를 어떻게 생각하는 거예요? 친구나 정치적 동반자 이상의 감정이 있는 것 같아요. 그렇지 않아요?"

문재인이 가만히 고개를 떨궜다. 그에게서 대답은 흘러나오지 않았다. 입이 굳게 닫힌 그를 김정연은 닦달하지 않았다. 조용히 일어난 그녀가 그의 머리를 살짝 쓰다듬고는 발걸음을 돌렸다.

"먹고 조금이라도 푹 자둬요. 내가 깨워줄게요."

문재인이 급하게 말했다.

"당신은 안 자고 있으려는 거네? 날 깨우기 위해?"

"언제는 안 그랬어요?"

"그랬었지. 생각해 보니 그렇네. 나보다 늘 당신이 더 고생이었지. 내 고생까지 당신은 안고 가야 했었지."

"알아주니 고맙네. 푹 자요. 가볼게요."

"여보."

문재인이 다시 김정연을 불렀다. 그녀가 돌아봤다. 그가 지난 시절 노무현과의 추억을 떠올리며 말했다.

"무현이가 곧 나였고 내가 곧 무현이었어. 이상이나 철학 따위가 같다는 걸 넘어서 우린 영혼 자체가 같았던 것 같아. 그래서 일거야. 낡은 변두리 변호사 사무실에서부터 여기까지 함께 걸어올 수 있었던 이유는. 어떤 계획도 서로 말한 적 없지만 끝까지 같이 걸어올 수 있었던 이유 말이야."

김정연이 따뜻한 미소를 보였다.

"내 생각이 맞았네. 낡은 변호사 사무실에서 두 사람이 함께 앉아있는 걸 보면서, 그리고 함께 청와대에 앉아있는 모습을 볼 때면 닮은 게 아니라 같다고 느꼈었거든요. 근데 지금 당신은 외로워 보여요. 쓸쓸해 보이고."

"무척이나."

김정연이 뒷걸음질을 치며 마지막 말을 전했다.

"자요. 꿈에서라도 외롭지 않았으면 좋겠네."

김정연이 나갔다. 문재인이 허공에 대고 말했다.

"고마워. 이해해줘서. 무현이처럼 실패할 걸 알면서도 허락해줘서"

문재인이 그날의 기억을 떠올렸다.

17

노무현이 문재인이 앉아있는 소파에 앉아있었다. 담배를 태우고 있었다. 평온한 모습이었다. 그가 문을 벌컥 열고 들어올 때까지 총 세 개비의 줄담배를 태우고 있었다.

"대통령님!"

노무현은 서둘러 들어오는 문재인을 보며 대답 대신 담배를 건넸다.

"아직 시간 있는데 왜 그렇게 호들갑이야?"

"탄핵소추 의결이..."

"진작 들었어. 담배나 피면서 얘기나 하자고. 그리고 이제 대통령 직무정지 됐으니 간만에 친구 사이로 돌아가 보자고. 응?"

노무현이 담배에 불을 붙여 뻣뻣하게 서 있는 문재인에게 건넸다. 그가 담배를 받아들고 깊이 숨을 들이쉬며 물었다.

"정찬이는? 연락 없고? 내 전화는 받지도 않아."

심각한 문재인과 다르게 노무현은 태평했다.

"민망하겠지. 얼마나 막아내려고 노력했겠어? 근데 통과 됐으니."

문재인이 소파에 털썩 주저앉았다. 두 남자는 나란히 앉아 애꿎은 천장만 뚫어져라 쳐다봤다. 노무현이 멍한 시선으로 하늘을 올려다본 채 말했다.

"비밀 하나 말해줄까?"

"뭐?"

문재인 역시 어떤 동작도 하지 않은 채 담배 연기를 허공에 뿜어냈다.

"나 탄핵 됐으면 좋겠다."

문재인이 고개를 돌렸다. 노무현을 화난 눈으로

노려봤다.

"뭐라고? 그게 할 소리야? 우리가 꿈꾸던 것들을 포기한다고?"

"안 될 거야. 헌법재판소에서 받아들이지 않을 게 뻔하거든. 우린 법 공부를 실전에서 제대로 했잖아. 인권변호사로. 잡초같이 온갖 법들 가리지 않고 다 봐왔잖아. 일명 잡식한 변호사! 안 그래? 덕분에 이혼 전문 변호사 빼고는 다 해봤지."

"농담이 나오냐고."

노무현은 오직 자신의 이야기에 집중했다.

"광화문에 경찰버스 벽 치지 말자."

"무슨 소리야?"

"대통령 권한대행에게 꼭 말해줘. 국민들 모일거니 버스로 벽 치지 말라고."

문재인이 답답한 마음에 담배를 뻑뻑 빨아대고는 신경질적으로 재떨이에 꽁초를 비벼댔다.

"그러니까 그게 무슨 말인지 얘기를 해줘야 할 거 아니야."

노무현도 마지막 한 모금을 끝으로 담배를 재떨이로 가져갔다.

"국민들 입장에서는 국회의 행동이 꽤나 황당할 거야. 개혁하자고 밀어 붙인 대통령에게 말도 안 되는 꼬투리를 잡아 탄핵소추로 보답했으니까. 분노한 국민은 어디로 모여들까? 광장. 광장으로 모일거야. 역사적으로 그랬잖아. 근데 아쉬운 건 내가 진짜 탄핵이 돼야 진짜 힘이 발휘된단 말이지. 내가 청와대에서 쫓겨나야 국민들은 보란 듯이 다음 총선과 대권은 개혁을 이룰 인재들로 채워 넣어줄 거란 말이지. 근데 탄핵까지는 가지 않을 거야. 그럼 탄핵은 면했으니 국민의 분노는 또 어디로 향할까? 동참해준 여당에게 향하게 될 거야. 여당은 처참하게 해체위기까지 가게 되겠지. 결국 한 십년? 권력은 독재를 꿈꾼 자들의 손에 넘어가버릴 게 뻔해. 그럼 다시 누군가 개혁을 새롭게 시작해야 된다는 소린데. 재인이 네가 해줄래?"

가만히 듣고 있던 문재인이 마지막 농담 섞인 노무현의 말에 버럭 화를 냈다.

"끝까지 가볍게 말할래?"

노무현의 말투가 살짝 가라앉았다.

"농담 아니야. 자네 밖에 없어. 알잖아. 굳이 말하지 않더라도."

문재인이 대답을 거부했다. 노무현이 다시 담배를 물었다.

"근데 다시 시작하면 재인이 자네도 나처럼 무너져야해. 정권이 바뀌었다고 국회까지 바뀌는 건 아니니까."

문재인도 담배를 꺼내 불을 붙였다. 그저 연달아 담배 연기를 뿜어내는 일만이 할 수 있는 전부였다. 노무현의 말을 가만히 들어주는 일이 지금으로선 위로보다 더 현명한 방법일 것 같았다.

"사실 내가 탄핵 되면 자네가 새로운 당을 창당하고 개혁을 위한 수장이 되길 바랐어. 그렇게 되면 여당에서 나올 무리는 꽤 될 거 아니야. 정찬이도 그렇고. 그렇게 총선에서 승리하게 되면 대권은 자네가 직접 나서주길 바랐지. 그럼 자넨 아무런 상처도 입지 않고 개혁을 완수할 수 있게 될 테니까. 내가 더럽고 힘든 건 다 하려 했는데 쉽지 않네."

문재인이 가만히 듣다 의문이 생겨났다. 급하게 노무현에게 물었다.

"그럼 자넨 탄핵소추가 진행될 거라는 것도 알고 있었다는 거야?"

"당연한 거 아니야? 이렇게 거세게 내가 개혁을

진행하고 있는데 그들이 가만히 놔둘 거라고 생각했겠어?"

"탄핵되길 바라는 대통령이라. 정말 어이없군. 근데 왜 헌법재판소는 탄핵하지 못할 거라 장담하지?"

"바보 같이 너무 티나게 탄핵소추를 통과시켜버렸잖아. 서서히 불붙어야 할 국민의 분노가 이미 확 커져버렸거든. 자만이었던 거지. 국민을 너무 쉽게 보고 계획 없이 밀어붙여 버렸어. 내 그림은 가짜뉴스도 좀 나오고 야당이 국민들 분열시키며 명분을 쌓아갈 줄 알았거든. 여당은 그래도 끝까지 날 지키려 노력하면서 말이야. 그럼 작은 분노에 헌법재판관들도 탄핵에 부담을 느끼지 않을 거란 말이야. 근데 이건 너무 대놓고 해버렸어. 야당과 여당이 개혁을 두려워한다는 걸 생중계로 필터도 거치지 않고 국민들에게 보여줬잖아. 광화문은 국민들로 가득할거야. 그 모습에 헌법재판관들은 사회적 혼란을 야기하는 어리석은 짓은 하지 않을 테지. 그리고 개혁을 원치 않는 이들은 헌법재판관들도 다수 속해 있으니까. 이 분노가 이어진다면 다음 정권은 어찌 될지 예측 가능하지 않겠어? 국민들 분노를 잠재우기 위해서라도 탄핵은 받아들여지지 않을 거야."

노무현은 계획이 무산된 허탈감을 솔직하게 표출했다. 좌절이 가득 담긴 목소리였다. 문재인은 그가 진심으로 탄핵을 원하고 있었다는 걸 느낄 수 있었다.

노무현이 문재인의 무릎에 손을 올렸다.

"자네도 나와 같이 다시 시작해야 할 거야. 면목이 없네."

노무현의 입에서 절망이 새어나오며 자신은 틀렸다고 말하고 있었다. 문재인은 부인하고 싶었다. 다시 걸어가야 하는 길이 두려운 게 아니었다. 영혼을 나눈 한 남자가 절망하고 있었다. 혼자 새롭게 걸어가라 부탁하고 있었다.

울컥하는 감정이 문재인의 목을 간지럽히고 있는데 노무현이 작은 목소리로 말했다.

"시골 가려고. 퇴임하면. 괜히 내가 서울에 있으면 자네와 정찬이 가는 길에 방해될 수 있어."

노무현이 쐐기를 박는 말을 전했다. 문재인이 참지 못하고 그를 와락 안았다.

"무현이 이 사람아. 그만 소리 하지마. 마지막같이 말하지 말라고. 아직 끝나지 않았어. 우리가 원한 세상!

우리가 원한 사람 사는 세상! 만들 수 있다고. 정신 차려! 쓰러지지 말라고!"

노무현의 손길이 문재인의 등으로 전해졌다. 그의 손은 문재인을 토닥이고 있었다.

노무현은 포기를 말하며 희망을 동시에 말하려 했다.

"수많은 대통령들이 검찰을 개혁하지 않은 이유가 뭘까? 역대 대통령들도 나 같이 검찰을 개혁하고 싶어 하긴 했을 텐데 말이야. 바로 자신만은 권력을 내려놓지 않고 유지하려 했기 때문이야. 스스로만은 개혁의 대상에서 제외해버리고 검찰만 개혁하려 하니 방법이 있나? 없지. 대통령들이 권력을 지키려 한 욕심이 검찰이란 거대권력을 만들어 버린 거야."

노무현이 천천히 문재인을 떼어놓고 온 마음을 다해 간청했다.

"난 재인이 자네는 다를 거라 확신하네. 그래서 미안하지만 부탁하네. 내 등불 같은 사람아!"

결국 날을 새고 말았다. 눈시울이 붉어진 문재인의 눈은 잠을 못 자서인지 눈물 때문인지 확실하진 않았지만 확연하게 표가 났다.

햇살이 들어오는 창문을 바라보며 문재인이 천천히 일어났다.

"무현아! 이제 시작이다."

문재인이 창밖을 보며 중얼거린 뒤 문을 향해 걸어갔다.

"사람 사는 세상을 위하여!"

분열, 갈등, 거짓으로
지켜내려 하는 자들

1

독실한 크리스천이라 스스로를 소개하고 다닌 황
규연이었다. 일요일 아침 보란 듯이 성경책을 손에
들고 교회를 찾았다. 그가 다니는 교회의 앞은 기자
들로 북적였다. 일요일도 열심히 출근한 그의 비서가
운전석에서 내려 기자들을 막아섰다. 그는 무표정한
얼굴로 비서의 호위를 받으며 플래시를 터뜨리는 기
자들에게 눈길 한 번 주지 않고 걸었다.

비서는 고된 노동으로 겨우 기자들을 만류하고 있
었다. 반면 그는 느긋했다. 비서는 속으로 제발 빨리
교회 안으로 들어갔으면 했지만 왠지 그는 그러지

않았다. 아주 느릿느릿 걸음을 걸으며 온몸으로 플래시를 받아내고 있었다. 어느 기자가 비서에게 막혀 다가서지 못하자 아주 큰소리로 질문을 던졌다.

"대표님! 어제 예상과는 다르게 아주 적은 숫자의 집회 인원이 참석했는데요. 어떻게 생각하십니까!"

야당은 토요일 저녁 광화문에서 조국 반대 집회를 열었다. 경찰추산 오백 명 정도가 모였는데 야당 쪽 의원들과 보좌관의 얼굴만이 기자들의 사진기에 담겼었다. 나연주와 황규연이 주장한 국민의 명령이라는 조국 장관 임명 반대가 무색해 지는 순간이었다.

황규연이 기다렸다는 듯이 기자의 질문에 멈춰섰다. 순간 엄청난 플래시가 그를 덥쳤다. 그는 잠시 기자들이 사진을 충분히 찍도록 무표정하고도 무거운 표정을 지어줬다. 어느 정도 잠잠해진 플래시에 드디어 입을 열어 답변을 해나갔다. 그는 질문을 한 기자를 바라보지 않았다. 익숙하게 사진기가 아닌 방송용 카메라가 많은 쪽으로 몸을 돌렸다. 방송카메라를 정면으로 응시한 그가 심각한 표정과 군은 결의에 찬 목소리로 말했다.

"경찰 측의 거짓말입니다. 어제 저희가 집계한 바

로는 대략 3만 명 정도가 모였으며......"

황규연의 말에 기자들이 중간중간 웃음을 참지 못하고 입을 가렸다. 그는 인내심을 갖고 끝까지 열의를 다해 착실히 대답했다.

"앞으로 점점 국민들의 참석이 많아질 것이라고 생각합니다. 물론 저희가 생각한 수백만의 국민들은 참여하지 못하셨지만 저희 조사로는 엄청난 지지를 확인할 수 있었습니다. 점점 조국 장관을 반대하는 국민들이 광화문으로 발걸음을 해주실 것을 저희는 확신하고 있습니다."

황규연이 다시 걸음을 옮기려 했다. 다른 기자가 빠르게 질문을 던졌다. 역시 비서가 온 힘을 다해 힘겹게 막아낸 덕분에 목소리를 높여야 했다.

"대표님! 정말 3만 명이나 참석했다고 확신하십니까? 카메라에 담긴 인원으로는 도저히 믿기 어려운 숫자인데요."

황규연이 아까와는 다르게 고개를 숙여 정중히 인터뷰를 거절했다.

"예배시간이 다 되었습니다. 다른 크리스천 형제자매님들께서 저의 과도한 인터뷰로 인해 불편을 겪지 않으셨으면 합니다. 죄송하지만 여기까지 하겠습니다. 하나님을 위한 자리에서 제가 감히 목소리를 높일 순 없을 것 같습니다."

정중히 90도 인사를 마친 황규연이 교회 안으로 걸음을 옮겼다. 마지막까지 그는 기자들을 배려하는 마음을 가졌던 것일까? 카메라가 걸음걸이까지 정확하게 흔들림 없이 담을 수 있도록 아주 천천히 교회 안으로 걸어 들어갔다.

역시 독실한 크리스천다운 겸손한 발언이자 행동이었다.

2

나연주가 일본에 본사를 두고 있는 어느 기업을 찾았다. 일요일이지만 직원들은 그녀의 방문으로 인해 추가 수당을 받는 호사를 누렸다. 그녀가 회의실로 들어서자 사학을 이끌어온 이들과 기업 대표들이 눈에 띄었다. 그녀는 고민에 빠졌다. 대기업이라고 말하긴 부족하지만 그렇다고 중소기업은 아닌 그들에게 총수라는 호칭은 살짝 사치스러웠다. 또 한 사학을 대표하는 이들에게 교육자로써 라고 말을 꺼내기도 아무리 그녀지만 부담스러웠다. 짧은 고민 끝에 이사장님으로 호칭을 통일할 것을 다짐하고 반갑게 인사를 건넸다.

"대한민국을 이끌어 오신 많은 분들이 참석해주셔서 무척이나 기쁘게 생각합니다."

모두가 일어나 나연주를 기쁘게 맞았다. 회의실은 크지 않았지만 작지도 않은 규모였다. 그 안에 꽤나 많은 사람들이 모여 있었다. 그들의 공통점은 하나같이 그녀보다 나이가 많았다. 하지만 그녀가 자리에 앉기 전 누구도 앉는 사람이 없었다. 그녀가 앉으라는 손짓과 동시에 착석을 하고 나서야 비로소 자리에 앉는 그들이었다. 아무도 말을 꺼내지 않는 가운데 그녀의 독식 웅변이 시작됐다.

"지금 국가는 위기에 처해 있습니다. 우리가 이끌어온 교육과 경제를 모두 망가뜨리려 하는 빨갱이들의 공산주의가 시작되고 있는 겁니다. 검찰개혁이라는 명분으로 대한민국을 지켜온 권력을 박살내겠다는 겁니다. 쉽게 말해서 공수처는 우리를 파멸시키고 무너뜨리겠다는 선전포고와 다름없습니다."

앉아있는 사람들은 나연주의 말을 아주 심각하게 받아들이고 있었다. 공감하면서도 실제로 그런 일이 벌어질까 두려워하는 분위기가 지배적이었다. 그녀의 발언은 조금씩 과격해져 갔다.

"우리 지금까지 어땠습니까? 경제발전을 이루고 교육을 이끌어오면서 솔직히 조금씩 법의 테두리를 벗어나기도 했었잖아요? 그거 우리가 인정 안하는 거 아니라고요. 하지만 정석대로 정도만 밟았다면 대한민국이 100년도 안 되는 역사 속에서 이렇게 발전을 이루고 인재들을 육성할 수 있었겠습니까? 대한민국이 급속도로 성장하는 모습을 외국에선 기적이라 말합니다. 비정상적인 성장이라고 말하기도 합니다. 정상적이지 않다는 말이죠. 정상적으로 단계를 밟아왔더라면 절대 고속성장은 있을 수 없었습니다. 그걸 알고 있는 검찰은 우리의 희생을 인정해줬습니다. 혐의 없음, 공소권 없음, 기소유예 등으로 대한민국의 발전에 희생된 우리를 보호하고 있었단 말입니다. 그런데 문재인 정권은 대한민국을 위해 애써 온 우리를 밟아버리겠다고 합니다. 검찰개혁을 앞세워서 말입니다. 공수처란 이상한 집단을 만들어서까지 말입니다. 이건 말이 안 되잖아요. 안 그래요?"

침묵만이 감돌았다. 누구도 대답하지 않았다. 나연주는 거북하지 않았다. 반대의 분위기가 아니었다. 그저 인정한다는 통감 속에서 앉아있는 모든 이들은 그녀의 입에 집중하고 있었을 뿐이다. 해결책을 구원과 같이 내려주길 바랐다. 입이 바짝 타들어 가는지 어떤 이는 물을 찾고 어떤 이는 마른 침을 꼴깍 넘겼다. 입술을 깨물어 보기도 하고 침을 발라보는 이들도 있었다.

어서 빨리 나연주의 입이 뭔가를 내놓길 바라고 바랐다. 그녀는 사람들의 애타는 기다림과 갈증을 시원하게 해결해줬다.

"어제 짜증들 나셨죠? 우리에게 동조하는 많은 사람들이 광화문에 나왔어야 하는데 나오지 못해서 답답하고 화나셨죠?"

모두가 서로 눈치를 보며 고개를 끄덕였다.

"기업을 운영하고 사학을 운영하는 분들이라 혹시라도 정부 눈 밖에 나실까봐 참석하지 못하셨죠? 지원금 끊을까봐. 세무조사 들어갈까 봐 조마조마 하셔서 마음과는 다르게 못 나오신 거 아닙니까?"

나연주의 위로 섞인 동질감의 표현이 그들을 감동시키고 있었다. 그녀는 아주 완벽한 해결책을 내놨다.

"후원하세요. 우리 앞으로 계속 광화문 나갈 겁니다. 그러니까 집회 끊이지 않게 후원들 해주세요. 우리 당원들 차비 좀 대주시고 어르신들 다리 아프시니 버스 좀 보내주시고 뿌듯한 마음으로 어르신들 돌아가실 수 있게 담배값 좀 쥐어주세요. 아낌없는 지원들 좀 해주세요. 안 그러면 우리 다 죽어요. 공수처가 무슨 경찰대행인 줄 아세요? 권력기관, 기업, 정치 때려잡는 곳이라고요. 박정희 대통령 때 공안처럼! 그땐 빨갱이 때려잡았지만 지금은 우리 때려잡는 것만 다른 거라고요!"

그들의 얼굴이 하얗게 질렸다. 나연주 비서가 그들 앞에 명함을 하나씩 올려놓았다. 당 비밀계좌번호였다. 모두 약속이라도 한 듯 명함을 받자마자 핸드폰을 들었다. 누군가는 사진을 찍어 전송했고 누군가는 돋보기를 쓰고 하나하나 정성들여 계좌를 문자로 보내는데 열중했다.

나연주가 흐뭇하게 그들을 바라봤다.

"걱정마세요. 노무현 때 어땠어요? 똑같을 거예요.

역사는 반복된다고 하잖아요. 반드시 이번에도 승리합니다. 대통령은 고작 4년까지 권력이에요. 그에 비해 기업과 사학은 영원하단 걸 명심하세요. 우린 그렇게 김대중도 이겨냈고 노무현도 이겨냈어요. 대한민국 역사를 통틀어, 아니 일제 강점기부터 지금까지 고작 십 년 조금 넘는 시간 힘들었단 말입니다. 하지만 다시 봄은 찾아왔잖아요? 결국 다시 권력을 찾아왔잖아요. 똑같아요. 반복될 거라고요. 우리 야당이 이번에도 앞장서겠다고요. 그러니 아낌없는 응원들 좀 계좌로 쏴주세요."

3

윤승렬이 언론사를 만났다. 서로 대한민국의 정통성을 주장하는 3대 신문사 대표들이었다.

윤승렬은 일부러 인터뷰를 자청하며 언론사 기자들을 검찰 기자실로 끌어들였다. 자신들의 언론사 기자들 무리에 끼어서 들어온 대표들은 총장실에 안전하게 들어올 수 있었다. 조촐한 대추차가 들어왔다. 아무도 차에 손을 대지 않았다. 차는 차갑게 식어갔다.

그의 맹공격이 똑똑한 대표들에게 다음 행동은 무엇이 되어야 하는지를 깨닫게 해줬다.

"지금 여러분들 사건 아직 끝나지 않았어요. 성 스캔들부터 가짜뉴스 유포, 성희롱 단톡방 개설까지. 그 뿐만이 아닙니다. 종편채널 개설하실 때들 자본금 부족하셔서 직원들에게 몇백억씩 대출 받게 했다는 첩보도 들어와 있고요."

대표들은 식은땀을 줄줄 흘렸다. 윤승렬은 세차게 탁자를 한 번 내리쳤다. 그들이 움찔했다.

"공수처 생기면 여러분 전부 다 끝나요. 우리만 끝난다고 보지 마시라고요. 지금 정권 눈치 보며 기사 내보낼 때 아니라는 겁니다. 대놓고 하세요. 대놓고! 그래야 우리도 명분이 생기죠. 우리 측 보도 자료들 그냥 받아쓰기하시란 말입니다. 노무현 땐 잘들 받아쓰시더니 총장 바뀌니까 영 호흡이 안 맞네요. 저 무시하시는 겁니까?"

그들은 등골이 오싹해지는 것을 느꼈다. 윤승렬은 더욱 강한 협박을 이어갔다.

"많은 권력들이 우리를 파트너로 생각했을 때 부귀영화 누렸습니다. 우리에게 등 돌리는 순간 어찌 됐는지 잘들 한 번 생각해 보세요. 언론과 검찰에게 버림받은 대통령의 최후를 다시 한 번 상기시켜줘야 합니다. 그래야 두 번 다시 우리에게 칼 겨눌 생각들 하지 못하는 거라고요. 여당도, 야당도, 청와대를 차지할 주인들도 말입니다. 우린 누가 권력을 쥐든 상관없어요. 결국 우리와 협치 해 나가게 만들면 그만이니까! 이번 기회에 꼭 한 번 친절히 알려줍시다."

4

황규연이 예배를 마친 후 개인적으로 담임목사를 면담하고 있었다. 조촐한 목사실과는 상반된 목사의 번쩍이는 시계와 명품 넥타이가 그의 눈에 거슬렸다. 적당히 하라고 말하고 싶었다. 너무 표나게 하고 다니다가는 그가 보호해줄 선을 넘어버릴 것이 염려됐다. 하지만 대놓고 말하기도 부담스러웠다. 그가 섬기는 교회는 기업 체인점과 같이 전국에 자리 잡고 있었고 신도 수만 대략 50만 명에 달했다. 50만 명이면 국회의원 7명은 거뜬히 만들 수 있는 인원이다. 또 한 광화문에 집결한다면 300만으로 뻥튀기 추산이 가능한 귀중한 인력이기도 했다.

황규연의 걱정을 아는지 모르는지 목사는 시계자랑을 늘어놨다.

"소중한 어느 형제님께서 선물로 주셨습니다. 제 기도 덕분에 은혜 받아 해외 계약 따내셨다고 돌아오시는 길에 사 오셨더라고요. 주님께서도 우리 교회를 무척이나 사랑하시나 봅니다."

황규연이 멋쩍게 웃었다.

"우리 주님은 언제나 승리를 주시지요. 그래서 하는 말씀인데."

"뭐든 말씀하시지요, 집사님. 기도가 필요하십니까?"

"아니요."

"그럼요?"

"단도직입적으로 말씀드리겠습니다. 앞으로 이런 시계도 절대 받으시면 안 됩니다."

목사가 기분이 상한 얼굴로 물었다.

"왜 안 됩니까? 제가 무슨 죄 지었습니까? 형제님! 저 예수 모시는 사람입니다!"

흥분한 목사의 언성이 조금씩 높아졌다. 황규연은

감정을 드러내지 않고 조심조심 물었다.

"우리 어제 광화문에 얼마나 모인지 아십니까?"

"압니다. 지지율 많이 떨어지신 거 같은데 그게 다 하나님 불신하셔서 그런 겁니다."

감정절제를 하지 못한 목사가 퉁명스럽게 대답했다. 황규연은 애타는 듯한 얼굴로 걱정 어린 목소리를 냈다.

"하나님을 위해서, 우리 교회를 위해 드리는 말씀입니다. 검찰개혁 이뤄지고 나면 종교개혁은 안 할 것 같습니까? 제가 지금까지 우리 교회 지키기 위해 체류시킨 법안이 몇 개나 되는 줄 잘 알지 않습니까. 시계 받지 말라는 건 다 하나님에 대한 충정으로 말씀드린 겁니다. 이대로 가다간 목사님과 우리 교회, 위대한 하나님을 더는 지켜드릴 수 없을 것 같아서 드리는 말씀입니다. 목사님 말씀대로 우리 당 지지도 엄청 떨어졌잖아요. 이제 더는 저도 지켜드릴 힘이 없다는 말입니다."

목사의 감정이 순식간에 풀렸다. 염려 가득한 황규연의 눈을 깊이 들여다봤다. 그는 눈물을 머금고 말을 이었다.

"우리 당이 겨우 막아내고 있던 종교개혁입니다. 그런데 검찰개혁 이뤄지면 우리 다 조사 받습니다. 그럼 내년 총선 어떻게 될지 뻔하지 않습니까? 더 이상 언론도 우리 편 못 들어줍니다. 그들도 조사대상이니까요. 그렇게 어느 정도 정치권 정리되면 빨갱이들은 북한처럼 곧장 종교탄압으로 나갈 겁니다. 물론 우리 하나님의 자녀들이 반대하겠죠. 그럼 사탄의 자식들은 분명 이간질부터 할 것입니다. 목사님들 공수처 수사대상으로 선별하고 온갖 죄목으로 조사 하면서 명분을 쌓을 거란 말입니다."

소파에 등을 편안하게 기대고 있던 목사의 몸이 마주앉은 황규연 쪽으로 바짝 다가가 있었다. 목사는 두려움이 가득한 눈빛을 그에게 속일 수 없었다. 떨리는 목소리로 물었다.

"그럼 혹시, 제가 그런 건 아니지만 비자금 명분으로 수사하거나 탈루 수사도 하게 될까요? 다시 한 번 말씀 드리지만 전 절대 아닙니다. 집사님."

황규연은 여전히 눈물을 머금은 눈을 하고 목사의 손을 잡았다.

"목사님은 깨끗하시더라도 그들은 찾아냅니다."

"정말요?"

"그럼요. 그들은 반드시 찾아냅니다. 그러니 섭섭하시겠지만 이런 시계도 받지 마시라고 말씀드리는 겁니다. 보아하니 2억은 족히 넘는 시계인데.."

목사가 서둘러 셔츠 안으로 시계를 감췄다.

"그럼 어쩌죠?"

황규연이 눈물을 훔치며 엄청난 결의를 보였다. 눈물을 걷어낸 그의 눈은 반짝반짝 빛나고 있었다.

"목사님 우리 형제자매님들과 함께 광화문에서 싸웁시다! 하나님의 나라를 반드시 지켜냅시다! 그게 바로 우리 빛의 자녀들이 해야 할 의무이자 숙명입니다! 다윗이 골리앗을 이겼듯 우리는 거대 빨갱이정권을 이길 수 있을 것입니다!"

황규연의 엄청난 다짐의 열정의 말이 목사를 흥분시켰다. 목사는 그의 두 손을 맞잡았다.

"주님께선 우리에게 승리를 약속하셨습니다. 우리는 주님의 간증입니다. 주님의 사랑입니다. 교회의 자랑거리입니다. 우리 교회가 앞장서 하나님의 나라를 지킬 것입니다! 하나님이 보시기에 참 좋았더라!"

황규연이 말을 재빨리 받았다.

"창세기 1장 말씀이시군요."

"네! 광화문에 있는 우리를 하나님께서 보시기 참 좋으시길 바라며 모일 것입니다. 우리 교회뿐 아니라 모든 대한민국 하늘 아래 주님의 보호를 받는 교회들은 전부 참석할 것입니다!"

황규연이 목소리를 높였다.

"아멘!"

"마귀의 자식들은 빛을 절대 이길 수 없을 지어다!"

"아멘!"

"주님의 성전을 파괴하려는 자들에겐 천벌이 있을 지어다!"

"아멘!"

"대한민국 모든 교회는 일어나 빨갱이 악마들을 무찌를 지어다!"

"아멘!"

5

조국이 법무부 장관으로 임명된 지 정확히 10일만이었다. 기자들은 광화문에 모인 사람들을 보도하는 데

열을 올렸다. 그가 법무부 장관이 되기 전부터 서초동 검찰청 앞에 모인 이들에 대한 기사는 하나도 찾아볼 수 없었다. 그 뿐이 아니었다. 과장된 기사는 광화문에 처음 보였던 500명도 안 되는 이들의 사진을 합성했고 5천 명 추산이라는 근거 없는 이야기들을 만들어냈다. 점차 사람들이 더 모이고 있다고 보도하기도 했다. 신기한 건 방송국에선 촛불정국 때도 쉽게 띄웠던 헬리캠을 띄우지 않고 중계했다. 광화문의 전경을 한눈에 볼 수 있는 건물 옥상 중계도 없었다. 그저 황규연과 나연주가 앞장선 한쪽 무리들의 사진을 내세우거나 정면으로 카메라를 설치하고 중계했다.

며칠 동안 계속 같은 사진을 쓰는 기사를 의심한 이들이 존재한다면 기사를 보고 선동된 무리들도 존재했다. 거기에다 오랜만에 용돈을 벌기 위해, 하나님의 뜻을 이루기 위해 모인 이들도 며칠 만에 힘을 보태고 있었다. 어느덧 검찰개혁을 위해 서초동에 모인 인파와 비슷한 수준의 세력이 광화문에 결집했다.

언론과 검찰, 야당은 서초동에 모인 이들이 빨리 해산될 거라 예측했다. 보도도 되지 않는 서초동 촛불은 금방 꺼질 것이라 확신했다. 하지만 그들이 예상치 못한 일이 벌어졌다. 평범한 이들의 SNS가 점점 서초동 소식을 전하기 시작했다. 일상에서 아무것도 모른 채 광화문에 모인 사람들의 뉴스만 접했던 국민들이 의구심을 갖게 됐다. 왜 이렇게나 많은 인파가 모여 있는 서초동 검찰개혁 집회 현장은 보도하지 않았을까? 전문사진기자나 방송용 카메라가 담은 광화문의 단편적인 사진보다, 서초동에 모인 일반인들의 핸드폰 카메라가 더 상세한 정보를 담아낼 수 있는 것일까? 어느 평범한 이는 회사 창문에서, 어느 누군가는 길을 걸으며 거대한 인파를 아주 작은 핸드폰에 담아냈다. 그런데 그에 비하면 천문학적인 장비를 소유한 기자들과 방송국은 왜 아주 단편적인 모습만을 담아내는 것인가?

사람들은 두려워지기 시작했다. 뜬금없이, 이유는 알 수 없지만 노무현 대통령이 떠올려졌다. 알 수 없는 불안한 감정이 퇴근 후 서초동으로 발걸음을 향하게 만들었다. 그렇게 스스로의 지성과 양심으로 모인 거대한 인원을 뉴스도 더는 외면 할 수 없었다. 아니, 이제 보도해도 상관없다. 분열은 성공했고 광화문 역시 서초동만큼 거대한 인원이 존재했다. 어떤 식으로 모였든 인원적으로는 비등해진 것이다. 목적을 달성한 검찰과 언론, 야당은 드디어 광화문에 헬리캠을 띄웠다. 건물 옥상에 올라가 보도하기 시작했다. 복잡한 합성사진을 만들 필요가 없어졌다.

6

조국이 청와대를 찾았다. 문재인을 만나기 위함이었다. 장관으로 임명되고 난 뒤 어떤 연락도 서로 취하지 않았다. 각자 맡은 바가 무거웠기 때문이다. 열흘 사이에 문재인 정부의 지지율은 하락세를 보였다. 광화문은 북새통을 이뤘고 과열된 분열의 분위기는 쉽게 가라앉을 기미가 보이지 않았다.

조국은 법무부 안에서 눈과 귀를 막아버렸다. 오직 검찰개혁의 초석을 마련하기 위해 노력했다. 사실 10일이면 충분한 시간이었다. 노무현과 문재인, 그가 수십 년을 바랐던 일이었기에 이미 어디에 내놔도 손색이 없을 만큼 완벽한 개혁안이 마련되어 있었다. 그는 그저 법률적인 확인절차와 함께 세세한 내용을 담은 문구를 수정하기만 하면 됐다. 오늘은 그렇게 마련된 개혁안의 최종본을 보고하기 위해 10일 만에 청와대에 들어온 그였다.

문재인은 집무실에 앉아 그를 맞이했다. 공식적인 자리라는 걸 인정받아야 했기에 황필성과 총리 김정도까지 함께 모여 앉았다.

"생각보다 빨리 오셨어요."

문재인이 반겼다.

"이미 준비된 개혁안이었으니까요. 예상하셨을 텐데 물으시니 민망합니다."

조국이 한결 가벼워진 마음을 전했다. 김정도가 조국이 가져온 개혁안을 신중히 들여다보고 있었다. 황필성이 그를 바라보며 수고했다는 눈길을 보냈다. 문재인은 개혁안을 거들떠보지 않았다.

조국이 여유롭게 말했다.

"그래도 한 번 확인해보시지요."

문재인은 개혁안이 쓰인 종이 위에 손을 얹었다.

"그럴 필요 없어요. 이미 줄줄 외울 정도니까요. 내가 수십 년 동안 얼마나 이 개혁안을 읽었을 거라고 생각하세요? 몇 쪽 몇 줄에 뭐가 쓰여 있는지 조차 말씀드릴 수 있습니다."

김정도가 거들었다.

"조국 장관께서도 십년 넘게 참여해온 일 아닙니까. 안 봐도 눈에 훤합니다. 단지 제가 확인하는 이유는 맞춤법 검사를 좀 하고 싶어서요."

짧지만 오랜만에 집무실에 웃음꽃이 피어났다. 하지만 문재인이 조국에게 말을 꺼내며 웃음이 단번에 사라졌다.

"발표는 우리가 계획한 대로 보름만 더 버티고 나서 해주세요. 우리가 조금 더 속절없이 당해야 합니다. 사실 뭐, 상대할 재간이 없기에 당하고 있긴 합니다만."

문재인이 억지로 웃었지만 집무실 분위기는 되살아나지 않았다. 반전이 없는 분위기에 그가 솔직한 심정을 털어놨다.

"아직 검찰의 민낯을 국민들은 제대로 보지 못했습니다. 힘들겠지만 조금만 더 그들의 본색이 나올 때까지 버텨주시길 바랍니다. 그러고 나서 훌훌 털어버리세요. 나머지는 제가 감당하겠습니다. 총선 때까지 그들은 절 공격해올 겁니다. 하지만 돈으로 모인 집회와 가짜뉴스는 한계를 드러낼 테고 국민들은 점차 느끼게 될 겁니다."

조국이 염려를 들어냈다.

"혼자서 감당하실 수 있겠습니까?"

황필성이 끼어들었다.

"왜 대통령께서 혼자라고 생각하시죠? 나와 총리님도 있습니다."

조국이 걱정을 가득 담아 친구에게 하소연 하듯 황필성에게 말했다.

"지금 저들 행동을 보세요. 차라리 제가 망가지고 벗겨지는 편이 낫습니다. 저들은 저로 인해 저렇게 난리 치는 거잖습니까. 대통령께서는 뒤에서..."

황필성도 친구를 나무라듯 한 말투를 전했다.

"우리나라는 연임이 되지 않습니다."

황필성이 잠시 문재인을 돌아봤다. 그저 눈을 감고 있는 대통령의 모습에 용기를 내 조국에게 말했다.

"저들이 노리는 건 결국 대통령입니다. 장관님이나 우리가 아니라고요. 우린 이미 경험했잖습니까. 총선에 승리한다고 해서 당장 모든 개혁이 이뤄지는 건 아닙니다. 총선 이후 레임덕 기간이신 대통령을 여당이 따라준다는 보장도 없습니다. 여당 내에서 충분히 검찰개혁 반대자들을 거르고 걸러 공천을 주겠지만 화장실 들어갈 때와 나올 때 다른 법입니다. 그리고 검찰이 가만히 있겠습니까? 당선된 사람들 하나하나 찾아가 그동안 숨겨온 수사 자료로 협박하거나 다음을 약속하는 뭔가를 제의할 겁니다. 그럼 그 안에서 분명 넘어가는 자들도 나올 겁니다. 그땐 결국 다음 대선의 주인공이 개혁을 하느냐 마느냐 결정지을 수밖에 없게 됩니다. 결국 우리와 같은 생각을 가진 사람이 대통령이 되느냐 아니면 저들의 생각을 가진 자가 대통령이 되느냐에 따라서 판가름 나겠죠. 우린 희생의 도구 역할을 착실히 수행하면 되는 겁니다."

총리도 나섰다.

"잘못될 경우 이 개혁안에 참여한 한 사람이라도 꼭 살아남아야 합니다. 그래야 나중을 기약할 수 있습니다. 조 장관님께선 우리의 마지막 보루입니다."

조국이 잠시 총리를 보더니 문재인을 바라봤다. 씁쓸한 미소로 대화를 듣고 있던 대통령이 입을 열었다.

"얘기하지 않으려 했는데 또 꺼내게 되네요. 우리 노 대통령님과의 기억을."

문재인은 한적한 시골로 내려간 노무현을 찾아가
야만 했다. 정권이 바뀌며 권력들이 다시 힘을 회복
하자 전임 대통령이란 신분까지도 박탈하려 했기 때
문이다.

새롭게 대통령 자리에 오른 자는 노무현을 못마땅하
게 바라봤다. 검찰 역시 그랬고 언론과 기업, 여러 권력
들도 같은 시선이었다. 누군가가 그와 같이 권력에 대
항하려 할지 모른다는 불안감이 대한민국 광복 이후
처음으로 그들을 엄습했다. 본보기가 필요했다. 어느
누구라도 개혁을 이끌려는 자는 실패할 것이며 처절한
복수만이 남겨질 것을 각인시켜 줄 필요가 있었다.

그뿐이 아니었다.

노무현을 그리워하는 국민들을 흩어지게 만들어
야 했다. 국민들은 퇴임한 한물간 권력에게 진한 그
리움을 느끼고 있었다. 이런 적은 처음이었다. 그도
그럴 것이 다른 대통령들과는 너무나도 다른 길을
걸어온 그였다.

평생 인권 변호사의 길을 걸었다. 한 평생을 검소

하게 살았고 대한민국 최초로 권력을 내려놓은 채 시골로 내려간 대통령이기도 했다. 사람들은 그런 그에게 열광했다. 언제든 만날 수 있는 시골 할아버지와 같은 그를 존경하며 따랐다. 아무렇지 않게 경호원도 없이 동네 구멍가게를 손녀와 찾는 그를 사람들은 사랑했다. 온갖 범죄 속에 경호를 강화하는 어느 대통령들과는 확연하게 다른 그림이었다. 살아남은 권력들에겐 그의 이런 행동이 눈엣가시일 수밖에 없었다. 대통령은 바뀌었건만 국민은 현재의 권력을 외면하려 했다. 예전의 권력을 찾는 이들이 늘어갔다. 정권교체를 이룬지 겨우 몇 개월이 지났는데 이미 여론은 지난 권력자의 향수를 느끼고 있었다. 위협이었다. 그 위협을 제거하고 강력한 경고를 남길 수 있는 사건이 필요했다. 국민에게도 공포를 심어줘야 했다. 현재에 굴복하지 않으면 국민이 사랑하는 이를 가차 없이 제거할 것이라는 겁박이 필요했다. 그러려면 국민의 동경과 존경을 처참하게 짓밟아 버릴 방도가 절실했다. 마치 어린아이에게 동화 속 세상은 없다는 걸 서슴없이 직시하게 만들어 아이들에게 울음을 터뜨리게 만드는 잔인한 어른들처럼.

살아남은 권력들은 어떻게 하면 노무현을 나락으로 떨어뜨릴지 심각하게 고민했다. 엄청난 고민의 창작 끝에 태어난 그의 범죄혐의는 바로 뇌물이었다.

여러 혐의를 뒤집어씌우는 가운데 가장 중점을 둔 혐의이자 공들여 짠 시나리오의 결정판이었다. 노무현과 같은 정의로운 이들에게는 가장 큰 오명이자 수치일 수밖에 없다는 걸 국민도, 권력도 너무나 잘 알고 있는 사실이었다.

권력은 일사천리로 실행에 옮겼다. 윤승렬이 지난 대통령들을 떠올릴 때 가장 쿨하게 권력을 남용할 수 있도록 허락해준 새로운 대통령은 즉각 검찰에게 국민을 겁박할 것을 명령했다.

검찰은 번개보다 빠르게 대통령의 은혜에 보답했다. 곧장 막장드라마에서나 나올 법한 시나리오 작업에 들어갔다. 정치권과 합세한 똘똘한 머리들은 금세 시나리오의 디테일을 완성할 수 있었다. 극적인 순간과 사건의 연결고리도 철저하고 자연스럽게 이어 붙였다. 사건의 시작은 거창해야 했다. 그래서 게이트라는 명칭을 붙였다. 누군가의 이름을 붙인 게이트는 어마 무시한 것처럼 보였다. 그 엄청난 게이트의 중심에는 반드시 추접하고 더러운 것들이 있어야 했다. 그 역시 확실하고 구체적으로 그려 넣어야 의심을 덜 할 수 있었다. 해서 논두렁 시계라 이름 붙였다. 명품시계를 받은 노무현이 검찰의 정의로운 수사가 들어오자 논두렁에 그 시계를 버렸다는 줄거리를 깔끔하게 만들었다.

엄청난 속도로 검찰과 정치권은 시나리오를 퍼다 나르기 시작했다. 대한민국 3대 권력 언론의 기자들 단톡방에 제일 먼저 시나리오가 뿌려졌다. 시나리오 초고를 받아본 기자들은 수정고를 요구했다. 줄거리에 감정연결이 부족하다는 이유에서였다. 감정선이 따라가지지 않는 스토리는 국민들에게 의심을 받기 마련이라 충고했다.

검찰은 거짓뉴스에 익숙한 기자들의 조언을 겸허히 받아들였다. 곧바로 감정 작업에 들어갔다. 노무현이 눈물을 보였다는 둥, 사정이 여의치 않았다는 둥, 아들의 유학자금이 필요했다는 식의 인간적 감정을 집어넣은 검찰의 시나리오는 다행스럽게도 기자들의 눈을 충족시켰다. 그 다음부터는 무차별적으로 뿌려대기만 하면 됐다. 3대 언론사를 필두로 별별 이름

없는 인터넷 신문사와 지방의 찌라시 수준의 언론사까지 무작정 뿌려대기만 하면 언론은 열심히 받아적는 데 몰두했다.

간혹 검찰이 뿌린 내용에 의구심을 가지고 신중한 취재를 하려는 언론사들을 권력은 사정없이 몰아붙였다.

메이저 언론사에서 보도하지 않으면 검찰이 직접 나서 압박을 가했다. 대통령의 허락까지 받은 공권력의 칼날은 가히 매서웠다.

"검찰이 보도자료를 낸 겁니다. 이걸 의심하시는 겁니까? 이걸요?"

단 한마디면 모두가 받아 적어야 했다. 대통령의 명령이 하달된 검찰의 힘은 어마무시하다는 걸 잘 아는 언론이었다. 윤승렬은 쿨한 정권의 힘을 등에 업고 언론장악을 거침없이 이어 갈 수 있었다.

대신 문제가 하나 있었다. 찌라시 수준의 언론사까지 검찰이 개입하기엔 자세가 나오지 않았다. 하지만 자처하는 이들은 넘쳐났다. 권력수호를 위해서라면 스스로 나서야 한다는 걸 알고 있는 똑 부러지는 사람들은 널려있었다. 지역 언론사는 그쪽 지역구 국회

의원이, 소도시의 아주 작은 언론사는 시의원이 맡아서 누가 시키지도 않았는데도 열심히 압박했다.

덕분에 매일매일이 노무현과 게이트 뉴스가 줄을 이었다. 모든 뉴스가 그리 보도를 하니 사람들은 혼란에 빠졌다. 국민이 존경하던 전직 대통령이 아니라고 말해도 누구하나 보도해주지 않았기에 많은 사람들은 왜 변명하지 않는지 답답해하기도 했다.

막다른 길에 몰린 친구를 위해 달려가고 있는 문재인이었던 것이다. 그가 도착했을 때 노무현은 시골 구멍가게에서 막걸리를 마시며 TV 뉴스를 보고 있었다. 심각하지도, 괴로워하지도 않는 평온한 모습의 노무현을 본 그는 안도를 하며 함께 낡은 테이블에 앉았다.

"온통 내 이야긴데 진실은 없네."

"두려워하니까. 권력은 자네가 온라인 대통령 행세를 한다고 생각하고 있으니까. 진실을 직접 밝혀. 언론 통할 생각하지 말고 인터넷에 직접 말해. 언론은 절대 자네의 입장을 전달해주지 않아."

"그냥 있을 생각인데."

노무현이 막걸리를 한 모금 마셨다. 문재인이 답답

한 마음에 막걸리를 통째 들이켰다. 속이 조금 잠잠해지자 함구하려는 어리석은 전직 대통령을 향해 쓴소리를 던졌다.

"그럼 거짓이 사실이 된다고 이 사람아! 정신 차려!"

노무현이 새 잔을 가지고 문재인 앞에 밀어 줬다. 쓸쓸해 보이는 전직 대통령은 곧장 두 잔에 막걸리를 가득 채우더니 일방적으로 잔을 부딪치고는 단숨에 막걸리를 비워냈다. 캬! 하고 통쾌한 감탄사를 내지른 그가 말했다.

"그러라고 그러는 거야. 지금 내게 수치심을 주려는 거잖아. 더 주라고 해. 난 더 당해 줄 거니까. 아마도 검찰은 증거조작까지 시도할 거야. 근데 난 믿어. 검찰조직 내에도 양심을 가진 이들이 존재한다는 걸. 5.18도, 수많은 정권의 범죄들 역시 내부의 폭로는 있었어. 비록 아주 적은 사람들의 양심고백이었지만 분명한건 모든 사건에 폭로는 존재했다는 거야. 역사가 증명한 일이야. 내 사건 역시 그러겠지. 누군가는 양심선언을 하게 될 거야. 그때를 기다려야 해. 그때까지 처참하게 짓밟히고 조작된 사건과 권력에 휘둘려야해. 나중에 국민의 분노가 일으킬 개혁을 완수하려면."

"저 권력 안에 속한 누군가를 믿고 함구하겠다는 건가? 자네 자신을 걸고?"

노무현은 천연덕스럽게 막걸리를 또 채우며 말했다.

"믿어. 우리 인권변호사 시절을 떠올려봐. 반드시 누군가는 고백했어. 그때를 기다리자고."

문재인은 지난날들을 회상했다. 그랬다. 분명 내부의 누군가는 양심을 욕망에 팔지 못했다. 어찌됐든 권력 안의 작은 정의는 늘 부르짖어왔고 그 양심의 소리는 언제나 큰 파장을 가져왔다. 노무현은 자신이 직접 경험한 삶을 믿고 있는 것이었다.

문재인이 회상으로 짙어져 갈 때 쯤 노무현이 화제를 돌렸다.

"그때가 되면 자네가 나서야 할 거야."

"감당할 수 있겠어? 억울하고 원통할 거야. 몸과 마음이 찢겨지는 수모를 견뎌야만 한다고."

"우리나라 역사는 참 이상해."

노무현이 다른 소리를 냈다. 문재인은 그저 들었다. 분명 비유일 것이라 확신했다.

"역사책에 기록된 나라의 이름들은 참 많았어. 고조선, 고구려, 백제, 신라, 고려, 조선 등등. 근데 모두가 개혁을 원하며 나라 이름까지 바꿨는데 똑같았어. 권력이 지배하고 국민은 권력을 바꾸고 유지하기 위한 도구였을 뿐이었지. 과연 나라의 이름을 바꾸기 위해 피 흘리며 죽어간 이들은 누구였을까? 왕이었을까? 귀족들? 양반들? 천만의 말씀! 그랬다면 왕이 될 수 없었겠지. 권력자가 될 수 없었겠지. 희생하고 죽었을 테니까. 그들은 그저 몸을 뒤로 숨겼어. 명분만 던져놓고 도망쳤다는 거야. 그리고 평범한 아무개들이 서로 죽고 죽이게 놔뒀어. 결국 개혁은 허울뿐이었던 거야. 애초에 권력을 가지려 하거나 왕이 되려는 자들은 희생하거나 개혁하려는 의지는 없었던 거라고. 그저 선동에 능했고 그걸 정의로 포장하는 걸 잘했을 뿐이지. 그 뿐인가? 수천 년의 핍박을 견디지 못한 국민들이 혁명을 일으키려 하자 권력들은 어처구니없는 일을 벌이기도 했지. 자신들의 힘만으론 더는 권력을 지킬 수 없다는 걸 안 그들은 나라를 팔아 권력을 유지시키는 최악의 수도 서슴없이 써버렸지. 왕에서 귀족으로, 친일로 이름만 바꿔 버린 거지. 그 뿐인가? 평범한 국민들의 희생으로 다시 되찾은 나라를 친일파들은 또 장악해 버렸지. 그게 바로 지금 대한민국을 쥐고 흔드는 권력들이야. 이렇게 말하면 또 기자들은 역사왜곡, 대한민국의 역사부정이라며 날 욕하려나? 하하!"

문재인의 귀는 노무현의 웃음이 울음으로 들렸다. 서글픈 통곡이 구멍가게를 가득 울리고 있는 느낌이었다. 억울한, 처량한 전직 대통령이 구슬프면서도 뼈가 담긴 소리를 전했다.

"난 허울뿐이 아니라는 걸 보이려는 거야. 감당할 수 있겠느냐고? 당연하지! 이 땅의 오천년 역사에 새겨진 모든 나라 이름을 통틀어 최초가 될 거야. 권력이 온전히 국민에게 이양될 수 있는 초석을 다진 사람으로 남겨질 내가 되어볼 참이야. 기꺼이 받아들일 거야. 자네도 나와 같은 마음이라는 걸 믿어 의심치 않네."

그랬다. 문재인 역시 동일했다. 복잡한 논리를 정리할 말주변이 없었을 뿐이었다. 노무현이 그의 머리에 담긴 모든 걸 말끔히 정리해 준 것이다. 그가 차분하게 말했다.

"시간이 꽤 걸릴 거야. 자네 말대로 내게 기회가 오려면 십년은 걸릴 테니까."

노무현이 막걸리를 비우고 있었다. 문재인도 막걸리를 들이켰다. 누가 뭐라고 할 것도 없이 둘은 동시에 주인을 불렀다.

"여기 막걸리 세 병만 더 주세요!"

수십 년의 우정은 토시 하나 틀리지 않는 정확함을 보였다. 두 남자는 마주보며 웃었다. 주인이 막걸리를 가져왔다. 노무현이 먼저 문재인의 잔을 채워줬다.

"처음부터 세 병시킨 걸 보니 밤새 마실 모양이네."

문재인이 노무현의 잔을 채웠다.

"시간도 많은데 우리 개혁에 대한 이야기나 밤새 나누면 어떨까?"

잔을 채운 문재인이 일어나서 TV를 껐다.

"뉴스 봐봤자 짜증만 나잖아. 우리 건실한 이야기들로 밤새 취해보자고!"

노무현이 웃었다.

문재인이 웃었다.

둘은 개혁을 맞이한 미래를 상상하며 함께 웃었다.

8

"우리 두 남자는 오천년 역사를 가진 이 땅의 진정한 주인이 국민이라는 걸 확인시켜 준 사람으로 남고 싶을 뿐입니다. 감당할 수 있느냐고요? 이건 감당이 아닙니다. 내 사명입니다."

문재인의 말에 집무실은 숙연함이 감돌았다. 조용히 듣고 있던 황필성이 눈물을 훔쳤다. 김정도 역시 소리 나지 않게 심장을 쓸어내리는 숨을 내쉬며 애써 눈물을 참아냈다. 조국이 숙연함이 가득한 집무실의 공기를 걷어냈다.

조국이 강한 어조로 말했다.

"두 남자가 아닌 세 남자입니다. 대통령님. 저 역시 함께 걸어가겠습니다."

문재인이 심각하게 물었다.

"앞으로 더 많은 것들이 장관님을 기다리고 있을 겁니다. 그들은 국민을 분열시키는 것에 능수능란합니다. 이미 실현됐고 아마도 그들의 세력은 더욱 커질 겁니다. 감당하실 수 있겠습니까?"

조국이 단번에 대답했다.

"감당하려 하지 않습니다. 기록되려고 합니다. 노 대통령님과 문 대통령님과 함께 오천년 역사 속에서 처음으로 국민에게 권력을 이양한 인물로."

"노무현 대통령 때보다 더 거센 일들이 많을 겁니다. 괜찮으시겠습니까?"

"한 달 후 제가 야인으로 다시 돌아간다면 아마도 검찰의 옹호 권력들은 대통령님을 공격하게 될 겁니다."

김정도가 확실하게 정리했다.

"정확하게 공수처를 반대하며 철회를 요구하겠죠. 그리고 개혁안을 만든 조 장관과 가족들을 공격하며 명분을 얻으려 할 겁니다."

황필성도 의견을 보탰다.

"조 장관님과 같은 이들이 수사를 피해가기 위한 권력기관이라는 핑계를 대면서 말이죠. 어차피 나올 것 없는 수사를 강행하면서 말입니다."

조국이 말했다.

"노 대통령님께서 그랬다고 하지 않았습니까. 권력 내부의 작은 양심과 정의를 믿는다고요. 저 역시 그리하려 합니다."

모두가 침묵했다. 조국이 맹세에 가까운 말을 던졌다.

"30일 이후 개혁안 발표와 동시에 사퇴하겠습니다. 모든 권력을 잃은 절 공격하는 그들을 대통령께선 절대 참견하지 마십시오. 서슴없이 얻어맞겠습니다."

문재인이 물었다.

"괜찮으시겠습니까? 적어도 조국 장관만은 무사히 빠져나갈 수 있도록 서둘러 무혐의를 입증할 증거와 진술을 확보중에 있습니다."

조국이 가벼운 농담을 던졌다.

"제가 인생 잘 살았나 보군요. 절 위해 그리들 뛰어 주신다니."

김정도가 즉각 대답했다.

"원칙에 벗어난 일은 하지 않았습니다. 그런데 잘 살긴 하셨나 봅니다. 여당과 청와대로 여러 증언들과 증거들이 쏟아지고 있습니다. 그 중에는 검찰이 빼도 박도 못할 증거와 증언도 확보했습니다."

조국이 입가에 미소를 보였다.

"그냥 침묵하시는 편이 좋을 것 같습니다. 그 증거를 들이민다고 한들 그들은 끝까지 싸울 겁니다. 청와대와 여당에게 제보한 증거들이니 또 가짜고 조작이라고 떠들어 대겠지요. 늘 그래왔던 그들이잖아요.

또 검찰이 그 증거들을 확보했다고 사건 종결 시켜주지도 않을 겁니다. 어떻게 해서든 최대한 시간을 끌려고 하겠죠."

문재인이 심각하게 고개를 끄덕였다. 누구도 부인하지 않았다. 어떤 논리적 다툼도 필요치 않은 예견이었다. 증거를 제시한들 거짓이고 날조라 뻔뻔하게 외칠 그들이었다. 어떤 확실한 증언이 나와도 빨갱이라 욕할 그들이었다. 그들에게 논리는 필요 없었다. 오히려 역풍을 준비할 것이다. 청와대와 여당이 조작했다며 특검을 요청할 것이다. 검찰에게 엄청난 힘을 실어주기 위한 노력을 아끼지 않을 테고 검찰은 거짓 보도자료를 이용할 것이다. 혐의도 없는 사건을 질질 끌며 집회를 선동할 것이다. 총선이 지나고 잘하면 대선까지 끌고 들어가 정권교체에 성공한 뒤 무혐의 판결을 내릴지도 모르는 일이다. 그렇게 되면 누구도 처벌받지 않는 어이없는 상황이 도래한다. 물론 책임자는 존재할 것이다. 담당 검사가 책임자가 될 것이 유력하다. 담당 검사는 사직서를 내고 정치에 입문할 것이다. 아니면 대형로펌의 변호사로 이직하고 편안한 여생을 보낼 것이다.

조국은 계속 의견을 피력했다.

"그랬다간 우리도 노무현 대통령님이 기다린 시간만큼 또 기다려야 합니다. 위험요소는 과감하게 버리고 가는 편이 좋지 않겠습니까? 이번이 마지막이라는 각오로 우리 모두 온 힘을 쏟아야 한다고 생각합니다. 그러니 검찰이 어떻게 칼을 휘두르든 그냥 지켜봐주셨으면 합니다."

"가족들은요?"

황필성이 물었다. 가족들은요? 라는 말에 어떤 설명도 필요 없었다. 조국의 입이 잠시 멈칫했다. 김정도도 동의했다.

"조국 장관 혼자만 감당하는 게 아니지 않습니까. 가족들도 피해를 보지 않습니까? 가족들은 버틸 수 있을까요?"

조국의 눈시울이 붉어졌다. 살짝 입술을 깨문 그가 숨을 고르며 감정을 추슬렀다. 누구도 보채지 않았다. 충분히 그가 이야기할 때까지 기다려줬다.

조국은 부드러운 음성으로 책상을 멍하니 바라보며 말했다.

"버틸 겁니다. 그러니까 아내가 뇌종양인데도 제게

말하지 않았겠죠."

문재인이 놀란 눈으로 김정도를 바라봤다. 김정도가 문재인과 눈빛을 마주하고 황필성을 바라봤다. 황필성이 눈을 감고 절망했다. 조국의 이야기는 마치 다른 사람의 이야기를 전달하는 듯 이어졌다.

"버티더군요. 우리 아내, 마음을 독하게 먹었나 봅니다. 끝을 보고 싶은가 보더라고요. 오히려 검찰 조사를 기다리더군요. 그들이 얼마나 잔인한지 보여줄 참이랍니다. 그리고 제 딸은 저 몰래 라디오 출연을 잡았더군요. 그렇게 입 다물고 있으라고 했는데 죄송하게 됐습니다."

조국이 허리를 숙였다. 이야기는 이어졌다.

"근데 한 번은 가족들이 변명하는 것도 좋겠다고 판단했습니다. 그래야 그들은 더 거세게 제게 돌을 던질 테니까요. 우리 가족을 더 괴롭힐 테니까요. 그래서 놔뒀습니다. 딸은 절대 굴복하지 않겠다고 라디오 관계자에게 말했답니다. 오히려 저보다 저희 가족들이 더 강한 듯합니다. 그런 가족을 보며 견디고 있습니다. 저 역시 말이죠."

집무실은 조용했다. 누구도 다음 말을 전하지 않았다.

조국이 쐐기를 박았다.

"아마 검찰은 재판부에 어떤 증거도 제출하지 못할 겁니다. 증거 위조는 현 정권이 지켜보기에 엄두도 내지 못할 겁니다. 예전과는 다른 점을 뽑으라면 현 정권이 아직 교체되지 않았고 국민이 실시간으로 감시를 하고 있다는 사실입니다. 시간이 흐를수록 점점 여론은 바뀔 겁니다. 증거가 없는 무리한 기소를 권력을 위해 악용했다는 사실만으로 검찰의 기소권이 얼마나 위험한지 국민들은 알게 될 테니까요. 그때부터 반전을 노리려면 그들에게 개처럼 질질 끌려가며 다른 어떤 것도 새로 만들지 말아야 합니다. 그저 지금의 사실에 국민들이 집중할 수 있도록 도와줘야 합니다. 너무 많은 사건과 해결은 혼란만 가져오니까요."

문재인이 무거운 마음을 담아 입을 열었다.

"이게 우리에겐 마지막 개혁시도가 될 수 있겠군요. 실패한다면 그들은 엄청난 대가를 우리에게 요구하겠죠."

조국이 고개를 끄덕였다.

"어차피 저 혼자 살아남을 수 없는 계획입니다. 우리가 가진 전부를 쏟아야 합니다."

황필성이 말했다.

"만약 실패한다면 더 이상 개혁은..."

황필성이 두려움에 말을 잇지 못하자 김정도가 받았다.

"없겠지. 그들은 더욱 견고해질 테고 두 번이나 실패하는 과정을 본 이들은 절대 그들을 무너뜨리려 시도조차 하지 않을 테니까."

문재인이 눈을 감았다. 속으로 간절하게 기도했다. 천주교 신자이지만 기도나 미사에 소홀했던 그였다.

노무현은 불교 신자였다. 역시 깊은 신앙심으로 정성들인 기도는 하진 않았다.

그랬던 그들이 서로 마음속에만 담고 있는 각자의 신에게 간절히 기도하던 때가 있었다.

9

문재인과 노무현이 늦은 밤 비틀거리며 시골길을 걸었다. 서로의 몸을 의지 삼아 겨우 도착한 곳은 기자와 정치인들이 아방궁이라 칭하는 노무현의 조촐한 시골집이었다.

집 안에 들어선 문재인이 거실을 보고 헛웃음을 지었다. 취해서인지 나이에 맞지 않는 행동들이 절로 나왔다. 털썩 주저앉는 그가 주위를 둘러보며 말했다.

"아방궁이라고 해서 기대했는데 뭐야? 너무 초라하잖아?"

"한 번 들어와 보고 사진이라도 올려주면 억울하지라도 않지."

노무현이 문재인 옆에 덩달아 주저앉으며 말했다.

"무현아. 우리 딱 한 병씩만 더 할까? 냉장고에 있지?"

노무현이 웃으며 냉장고에서 막걸리 두 병 들고 왔다. 전직 대통령이 비틀거리며 막걸리를 놓고 다시 돌아서 잔과 안주를 가져오려는데 문재인이 만류했다.

"우리 아직 젊어. 이 정도는 그냥 마시자."

문재인이 막걸리 두 병의 뚜껑을 단 번에 열었다. 각자 한 병씩 나눠 든 두 남자는 통째로 건배했다. 두 남자가 함께 술을 마시는 일은 5년 만에 처음이었다. 청와대에 들어간 이후로 술은 입에도 대지 않던 그들이었다. 그래서인지 쉽게 자고 싶지 않았다. 그래서인지 취기도 확실히 빨리 올랐고, 금주를 하기 전

혈기 왕성했던 시절로 되돌아 간 듯한 느낌을 받았다. 두 남자는 유치한 장난을 시작했다. 지난 변호사시절 젊음이 그리워 시작한 가벼운 말장난이었다.

벌컥벌컥 세 모금 정도 들이켠 문재인이 먼저 입을 열었다.

"주님! 성모마리아님! 오늘 하루만 눈 감고 모른 척 해주세요."

노무현도 지지 않았다.

"부처님! 거하게 마시고 내일부턴 다시 열심히 살아보겠습니다! 나무관세음보살!"

두 남자는 젊었을 때 종교관을 가지고 논쟁을 벌이는 일을 즐겨 했었다. 결국 결론을 내지 못하고 마무리하기 일쑤였지만 그런 가벼운 논쟁조차 행복했던 시절이었다. 그 시절을 다시 살아보고 싶었다. 모든 걸 잊고 그때로 잠시라도 돌아가고 싶었다.

문재인이 살짝 목소리를 높였다.

"사랑의 하느님! 은총이 가득하신 마리아님! 부디 자비를 베푸소서!"

노무현이 환한 미소를 지으며 음률을 넣었다.

"나~무~관~세~음~보~살~"

문재인이 웃었다.

"관세음보살이 뭐야? 그리스도의 이름으로 청하옵나이다지."

"난 관세음보살이 맞지."

"그래! 뭐. 아무렴 어때?"

두 사람이 술을 비우기도 전에 바닥에 누웠다. 나란히 누운 두 남자가 가만히 천장을 올려다봤다.

"아방궁에 무슨 형광등이야? 샹들리에도 아니고."

문재인이 불평했다.

"그러게. 샹들리에로 할 걸 그랬나? 덜 억울하게."

노무현이 농담의 질문을 던졌지만 문재인에게서 대답이 들려오지 않았다. 대답을 할 수 없는 그였다. 눈물이 터지는 그였다. 억울하고 억울한 초라한 전직 대통령을 보자니 도저히 눈물을 참기 힘들었다. 복받치는 서러움이 하염없이 터져 나오려 했다. 노무현이 어느새 그런 그를 느끼며 아무 말도 하지 않았다. 서로 마주 볼 자신이 없어 그저 애꿎은 형광등만을 바라봤다.

침묵이 힘들었던 노무현이 먼저 입을 열었다. 눈은 여전히 형광등을 향해 있었다.

"부처님. 내 친구 재인이! 꼭 대통령 만들어 주세요.

그리고 나만큼 힘들지 않게 해주세요. 꼭 우리가 원한 세상, 부처님이 바란 세상 만들 수 있도록 도와주세요."

문재인이 끝내 흐느낌을 참지 못하고 떨리는 목소리로 간절히 말했다.

"평화의 주님! 내 친구를 지켜주소서. 내 유일한 벗이자 영혼의 동반자를 보호해주소서!"

노무현이 신에게 청했다.

"관세음보살님 가시밭길이 있을 지얼랑 싹 다 거둬가 주세요. 모략과 음모에 휘말리지 않도록, 내 등불 재인이가 더 밝은 빛으로 빛나게 도와주세요."

문재인이 신에게 청했다.

"우리가 이겨낼 힘을 주소서!"

노무현이 신에게 청했다.

"절 재물 삼으시더라도 재인이 만은 구해주시길."

문재인이 신에게 청했다.

"우리 두 사람 모두 신의 은총을 주시어 늪에서 벗어 날 수 있는 힘을 주소서."

노무현이 신에게 청했다.

"내게 남은 복이 있다면 그것마저 재인이에게 주시길."

문재인이 천천히 몸을 일으켰다. 노무현도 자리에 앉아 그를 바라봤다. 마치 마지막인 듯 쓸쓸한 전직 대통령의 눈동자가 그의 마음을 강하게 후벼 파고 있었다.

노무현이 친구의 신에게 간청했다.

"우리 주 예수 그리스도의 이름으로 기도드리옵나이다. 아멘."

문재인이 친구의 신에게 간청했다.

"나무관세음보살."

모두가 떠난 집무실에 문재인만 남겨져 있었다. 정적만이 흐르는 가운데 그가 가슴으로 진실한 기도를 신에게 청했다.

'당신이 희생을 원하신다면 이번만큼은 제가 되게 하소서! 정말 이번만큼은 제가 되게 하소서. 누구도 희생되지 않도록 지켜주시며 제가 감당하게 하소서!'

| 03 |

국민의 대변자들

1

임정찬이 여당의 핵심 중진 의원들을 불러 모아놓고 난상토론을 벌이고 있었다. 정치를 함께 시작했던 5선 의원과 노무현 정부시절 장관을 지냈던 3선 의원, 문재인 정부가 탄생하기까지 선봉장으로 앞장섰던 4선 의원도 자리를 지키고 있었다. 현 정부를 적극 지지하는 이들이었다. 그런 그들이 모였는데 난상토론이라니 이해가 가지 않았다. 정확하게 들여다보자면 임정찬의 의견에 모두 반대하고 있었다. 그는 사람들 앞에 엄청난 제안을 들이밀었다.

"국회의원 자녀 대입조사 특별법을 발의하려 합니다."

편안한 마음으로 국정을 염려하고 야당의 파렴치한 행동을 비판하러 온 그들은 당혹감을 감추지 못했다.

임정찬의 동지로 반평생을 함께 한 5선 의원이 확인을 원했다.

"지금 뭐라고 한 거야? 우리까지 전부 다 조사 받으라는 거야?"

임정찬이 즉각 답했다.

"한쪽만 받을 순 없잖아."

4선 의원이 끼어들었다.

"조국 때문에 우리까지 피해를 봐야 한단 말입니까?"

3선 의원이 다른 의원들에 비해선 부드럽게 말했다.

"여기 계신 분들 중에서 걸릴 분들은 없겠지만 당내 분위기가 많이 안 좋습니다. 조국 장관 임명에 반기를 드는 세력들도 있습니다. 그런데 특별법이라니요. 그랬다간 당까지 분열됩니다. 대통령께서 실행하는 정책들에 있어서 여당 지지가 약해질 수 있어요. 신중해야 합니다."

3선 의원의 말이 끝나기 무섭게 5선 의원이 입을 열었다.

"그래. 정찬이. 우리 당까지 서로 싸우게 되면 답

없어. 우리 당이라고 나연주 의원 자녀 같은 사람 없
으라는 법 있어? 있다고. 분명히 알게 모르게 다 그렇
게 했다고. 그런 사람들 반발하고 나서면 자네라고
대표자리 유지할 수 있을 것 같은가? 총선 반년 남았
어. 정신차려야해! 이러다가 우리까지 다 죽는다고."

임정찬이 사납게 말문을 열었다.

"대통령께선 개혁을 원하십니다! 촛불혁명은 새로
운 세상을 원했습니다. 그런 국민의 지지로 우리가 여
당이 될 수 있었다는 걸 잊으셨습니까? 그런데 국민의
바람을 저버리겠다는 말입니까?"

4선 의원이 흥분한 임정찬에게 전혀 동요하지 않
고 조용히 말했다.

"물론 국민의 바람도 중요하지만 정무적 판단을
고려했을 때..."

임정찬이 말을 잘랐다.

"제가 정치에 입문해서 가장 많이 들었던 말이 무슨
말인 줄 아십니까? 바로 정무적 판단이라는 말이었습
니다. 우리 당엔 윤리강경이나 원칙이 분명 존재하지
만 정무적 판단이라는 말로 하여금 용서받은 비리 의
원들 얼마나 많은지 아십니까? 대통령과 국민은 그런

세상을 뜯어 고치겠다고 개혁을 하려는 겁니다. 우리 당이라고 예외가 될 수 없습니다. 이번 총선은 그래야 합니다. 국민께 보여줘야 합니다. 우리는 다르다는 것을 확인시켜줘야 합니다. 그래야 승리합니다. 싹 다 갈아버립시다. 우리 스스로 썩은 자들 내쫓아버립시다. 저와 친한 이들도 포함되어 있을 겁니다. 여러분의 동지들도 포함되어 있을 겁니다. 하지만 잘라냅시다. 그게 우리가 살길입니다. 국민을 무서워하지 않으면 우리 역시 촛불혁명의 대상이 되지 말라는 법 없습니다."

모두가 난처한 얼굴로 입을 열지 않았다. 정치적 입지가 확 줄어들 수 있다는 걱정이 앞섰다. 만약 두세 명이 대입비리에 연루가 되었다고 치자면 50명 이상의 의원들이 들고 일어날 것이다. 두세 명과 친분을 다지고 있는 의원들의 반대가 거셀 것이기 때문이다. 총선이 얼마 남지 않았다. 그 소리는 공천 역시 얼마 남지 않았다는 말이다. 여당의 이름으로 총선에 나가기 위해선 반드시 공천을 받아야 한다.

공천은 당 내부의 세력 싸움이다. 얼마나 많은 당원들의 지지를 받는지가 공천의 주인을 좌지우지한다.

국회의원 한 사람은 한 지역 당원들의 지지를 받는다. 그 국회의원과 친분 있는 다른 국회의원 역시 그 지역의 지지를 받는 것과 다름없다. 한 마디로 품앗이다. 여기서 도와주면 나도 도와준다. 다른 지역 당원들이 나를 돕는다면 나의 지역구 당원들도 그 지역을 돕는 것이다. 그렇게 서로 단단한 친분을 유지하고 있는 누군가의 정치인생을 끝낼 수 있는 특별법을 만들자고 한다. 공천전쟁은 선거보다 더 치열하다는 걸 이미 몸과 마음으로 깨닫고 있는 의원들이었다. 중진 의원들이야 셀프 공천이 가능하지만 막 정치에 입문한 초선 의원이나 신진세력들의 반항이 거셀 것이 분명했다. 자칫 잘못했다간 불만을 품은 세력들이 따로 떨어져나가 새롭게 창당을 할 위험도 도사렸다. 공천을 앞에 둔 정치판은 그야말로 살얼음판이다. 내부 결속이 중요한 시기이기도 하다. 공천 시기를 앞뒤로 당 자체가 찢어지는 경우가 허다했다.

임정찬이 이런 사정을 모를 리 없었다. 알면서도 도전하고 있었다. 양심은 그를 지지하지만 행동으로 옮길 수 없는 의원들이었다. 권력이 분해되기 시작하면 참혹한 결과만이 남겨진다는 걸 너무도 잘 알고 있는 그들이었다.

임정찬이 자신 있게 말했다.

"우리 힘으로 전 대통령을 탄핵할 수 있다고 믿은 사람 여기에 한 분이라도 계십니까?"

아무도 말 하지 않았다. 임정찬은 다시 물었다.

"우리 중에 다음 정권이 우리에게 올 것이라고 확신 했던 분 계십니까?"

아무도 대답 할 수 없었다. 임정찬은 계속 벙어리가 된 이들을 향해 외쳤다.

"전 정권의 비리를 알고도, 최순자란 반무당이 정권 실세라는 것을 이미 파악하고 있었음에도 우리는 아무것도 할 수 없었습니다. 두려웠기 때문입니다. 까발린다 한들 검찰과 언론, 정치권은 우리를 매장시키고 역풍을 불게 할 거라 확신했기 때문 아닙니까?"

숨소리도 들려오지 않았다. 임정찬은 그런 그들의 양심을 깨우려 소리쳤다.

"그런 검찰과 언론, 국회를 움직인 이들은 바로 우리가 아닌 국민이었습니다. 처음으로 분열되지 않은 국민의 힘. 압도적인 탄핵의 촛불이 모든 걸 이뤄냈습니다. 기적이라고요? 아니요. 현실입니다. 그렇게 정권은 바뀌고 우린 여당이 됐습니다. 물론 지금은 그때와 다릅니다. 촛불마저 분열됐습니다. 조국을 반대하고 찬성하는 이들로 말이죠. 하지만 다시 하나가 될 겁니다. 촛불도, 우리 당도 다시 하나가 될 수 있습니다. 우리가 보여주기만 하면 되는 간단한 문제입니다. 사람들은 정의를 원합니다. 악을 원하고 편법을 원하는 국민은 없습니다. 그건 권력들만이 원하는 저주와도 같습니다. 정의를 보여주면 다시 모일 겁니다. 조국 장관을 반대하는 이들도, 찬성하는 이들도 결국 정의를 부르짖는 거잖습니까. 그 정의를 보여줍시다. 우리가 보여줍시다. 돌팔매질 당하는 대통령과 조 장관을 위해서가 아닌 우리가 촛불혁명을 계승한 정당이라는 걸 보여줍시다."

임정찬이 일어났다. 사람들은 미동조차 하지 않았다. 그가 긴 시간동안 당에서 함께 해온 동반자들 앞에 무릎을 꿇었다. 의원들의 눈빛이 흔들렸다. 자존심이 굉장히 강한 그였다. 대통령과의 대화에서 한 치도 물러서지 않던 그였다. 어떤 누구에게도 고개 숙이지 않았던 그였다. 당대표 경쟁 당시에도 의원들에게 구차한 아부를 하지 않았다. 그저 정도를 걷겠다며 국민이외의 누군가에게 어떤 일이 있어도 고개 숙이지 않겠다고 말했던 그였다. 그랬던 그가 무릎을 꿇었다. 긴 세월을 지켜봐 온 의원들도 처음 보는 모습이었다. 의원들이 약속이라도 한 듯 자리에서 일어났다. 3선 의원과 5선 의원이 그를 일으키기 위해 다가섰다. 그의 목소리가 그들을 다가오지 못하게 막아섰다.

"국민 이외에 무릎 꿇지 않겠다는 맹세를 지키는 겁니다."

우두커니 멈춰선 의원들이 임정찬을 바라봤다. 그가 5선 의원을 향해 물었다.

"자네 지난 총선 때 당선된 득표수가 7만 표정도 됐지 아마?"

5선 의원이 기억을 되짚어 보고는 말했다.

"그랬지. 이봐, 어서 일어나라고."

대답과 동시에 임정찬에게 달려가려 했다. 그는 다시 소리를 내며 5선 의원의 걸음을 멈추게 만들었다.

"자네를 뽑은 7만 명의 국민들 앞에 난 무릎 꿇은 거야."

5선 의원은 움직일 수 없었다. 부끄러움을 느꼈다. 임정찬이 고개를 돌렸다. 3선 의원을 올려봤다.

"의원님께서는 얼마나 많은 국민들이 이곳으로 보내주셨습니까?"

3선 의원은 얼굴이 붉어졌다.

"3만..."

말끝이 흐려졌다. 임정찬의 눈도 붉게 변해갔다.

"전 의원님을 이곳으로 인도해주신 3만 명의 국민에게 무릎 꿇은 겁니다."

3선 의원의 턱이 구겨지며 입술을 꾹 닫았다. 임정찬이 4선 의원에게 물었다.

"의원님께서는요?"

"5만입니다."

기어들어가는 목소리가 들려왔다. 마치 잘못을 고백하는 사람과 같았다. 임정찬이 끝내 눈물을 보였다.

"의원님을 믿은 5만 명의 국민을 대신해 제가 부탁드리는 겁니다."

임청찬이 모두를 바라보며 소리쳤다.

"국민들이 거창한 거 원하는 것도 아니잖아요! 우리가 좀 들어줍시다! 그러라고 여기 앉아있는 우리잖습니까!"

황규연이 검찰에 출석했다. 역시 포토존이 친절하게 마련돼 있었다. 그는 자연스럽게 포토존으로 향했다. 플래시가 터지는 와중에 그는 하염없이 안타까운 눈으로 검찰 건물을 바라봤다. 한 기자가 질문을 꺼냈다.

"검찰에 오신 이유는 뭡니까?"

역시 황규연은 질문한 기자가 아닌 방송용 카메라를 바라봤다.

"조사 받으러 왔습니다. 검찰에서 저희 당원들과 의원들에게 소환통보를 했습니다. 악법으로 판단된 법안 상정을 막기 위해 여당과 가벼운 물리적 접촉이 있었는데 뜻하지 않게 여당 측에서 저희를 전부 고소했습니다. 해서 제가 자진해서 조사를 받으러 왔습니다."

황규연의 눈가가 촉촉해졌다. 의미심장한 표현을 위해 입술을 한 번 깨물었다. 크게 숨을 들이 쉰 그가 여당에 메시지를 전했다.

"여당에게 바랍니다. 이 모든 책임은 대표인 제게 있습니다. 제가 자진해서 모든 걸 감당할 겁니다. 그러니 다른 죄 없는 사람들을 향한 정치적 공세를 멈

취주시길 부탁드립니다."

황규연의 뺨으로 한줄기 눈물이 흘러내렸다. 그는 눈물을 닦지 않았다. 그대로 카메라에 노출시켰다. 플래시가 엄청나게 터졌다. 한창 모든 언론의 카메라가 그의 눈물에 집중하고 있던 때였다. 한 기자가 무시무시한 팩트를 난사했다.

"대표님! 근데 의아한 건 자진해서 조사를 받으러 오셨다고 하셨는데요. 대표님은 소환되지 않은 걸로 알고 있습니다. 검찰이 소환하지 않았는데 조사를 받기 위해 오셨다는 건 어떤 말씀인지 도저히 이해가 되지 않습니다!"

황규연이 잠시 움찔했다. 서둘러 눈물을 닦아 냈다. 그가 기자의 질문을 못들은 척 성큼성큼 검찰청으로 걸음을 옮겼다.

지금까지 기자들 앞에서 보였던 걸음 중 제일 빠른 속도였다.

황규연이 조사실에서 느긋하게 따뜻한 커피를 마시고 있었다. 앞에 있어야 할 검사는 눈에 보이지 않았고 조사실 테이블 위에는 노트북이 아닌 과자와 초콜릿이 놓여있었다. 누가 본다면 어느 검사가 몰래 조사실에서 티타임을 즐기는 모습과 같았다. 달달한 과자와 커피의 조합은 꽤나 만족스러웠다. 그가 흡족한 미소로 과자를 하나 더 입에 넣는 순간 윤승렬이 안으로 들어왔다. 그가 자리에서 일어나 환한 미소로 검찰청의 주인을 반겼다.

"총장님 뵈러 오니 검사들 대우가 다르네요."

윤승렬의 손에도 찻잔이 들려있었다. 두 사람이 거의 동시에 자리에 앉았다. 황규연이 남은 과자와 초콜릿을 맞은편으로 밀었다.

"맛 괜찮네요. 드셔보세요."

"난 매일 먹어요."

"아! 그렇겠네요."

"그나저나 머리 잘 쓰셨습니다. 자진출두라는 수를 써서 이렇게 만나러 오시다니. 대단하십니다."

"서초동은 사람들이 워낙 많아서 좀 쫄렸는데 여긴 한가하군요."

"일부러 이쪽으로 모셨습니다."

"좋네요. 밖에 사람들 북적거리면 신경 쓰이잖아요. 딱 좋아요."

"근데 급하게 보자고 하신 이유가 뭡니까?"

황규연의 얼굴이 급격하게 심각해졌다. 테이블에 커피를 내려놓은 그가 주위를 한 번 두리번거리고는 나지막한 소리를 냈다.

"우리 고발사건들 있잖아요? 나연주 의원 사건부터 여러 가지요."

"네."

"그거 우리 측 내부에서 누군가가 여당 관계자에게 증거자료를 넘긴 것 같습니다."

"누가요?"

"조사 중이긴 한데 누군지 나오질 않네요. 잘 알아서 마무리 부탁드립니다."

윤승렬은 대수롭지 않다는 듯 과자 포장을 뜯어 입으로 가져갔다.

"그런 건 대표님 말고 나 의원님이 직접 오셔서 부탁하셔야지. 괜히 대표님이 먼 걸음 하셨네."

"그래도 제가 대표 아닙니까. 아버지 같은 마음으로 우리 당 의원들 보살펴야지요."

"역시 넓은 아량을 가지셨습니다."

황규연이 헛기침을 하며 마지못해 칭찬을 받는 척

했다. 윤승렬 역시 황규연을 따라 동질감을 형성하려는 듯 헛기침을 하며 슬며시 말을 꺼냈다.

"우리 대표님 마음의 짐을 제가 좀 덜어드려야겠죠?"

황규연의 눈이 번뜩였다.

"그럼 고맙죠!"

윤승렬이 미소를 지었다.

"그럼 이렇게 합시다. 여당에서 문제를 들고 일어날 거잖아요. 그러면서 조국 수사와 같이 강력하게 수사하라고 우릴 압박할 것 아닙니까?"

"그렇죠."

"그럼 전 그 문건에 대한 정확한 검증이 필요하다는 이유로 제대로 한 번 들쑤셔주면 되는 거잖아요. 출처도 없는 문건을 증거로 채택할 수 없는 것 아니냐. 그 출처를 밝혀라. 그리고 정식 접수해라. 그럼 여당에선 어떻게 할까요? 둘 중 하나잖아요. 출처를 밝히거나 거부하겠죠. 어떤 결과도 땡큐라 그 말이에요. 출처를 밝히면 대표님 쪽 내부자가 누군지 밝혀지는 거고 그렇게 되면 대표님께서 내부자를 회유하셔서 그런 사실 없다고 발뺌하게 만드시면 되는 거 아닙니까. 그럼 여당은 사기꾼 되는 거죠. 조국처럼.

반대의 경우도 그래요. 제보자도 모르는 문건을 증거로 채택할 순 없잖아요?"

"그렇죠. 절대 안 되죠."

"그럼 결국 가짜 증거 들이민 거니 언론에 흘려야죠. 여당이 증거조작 했다고."

황규연이 손뼉을 마주쳤다. 흥분한 눈으로 급하게 입을 열었다.

"그럼 수사는?"

윤승렬이 낄낄거리며 말했다.

"할 수가 없는 거죠. 어떻게 합니까? 내부자도 아니라고 하는 증거를. 내부자도 못 밝히는 신빙성 제로인 문건만 가지고 어떻게 수사해요? 우리 대한민국 검찰 그렇게 우스운 조직 아닙니다."

황규연이 배를 잡고 웃었다.

"맞아요! 그렇죠! 공권력이 출처도 없는 것들 수사할 순 없죠."

한참을 웃던 황규연의 머리에 뭔가가 스쳐지나갔다. 그가 재빨리 웃음을 거뒀다. 진지한 목소리로 웃고 있는 윤승렬에게 물었다.

"근데 조국 사건과 비교하면 어쩌시려고? 여론이

가만있지 않을 것 같은데."

"엄연히 다르죠! 대표님 실망입니다! 법무부 장관까지 하셨으면서..."

황규연이 미간을 찌푸리며 생각에 잠겼다. 쉽사리 정리되지 않았다. 윤승렬이 보다 못해 입을 열었다.

"조국은 우리가 압수수색하면서 증거를 만들고 있는 수사잖아요. 증인도 나왔고요. 나 의원님께서는 증인 자체가 없는데 어떻게 같습니까?"

황규연은 걱정의 눈초리를 거두지 않았다.

"그렇긴 해도 그게 쉽지 않아요. 국민이 법을 모르는 바보들이 많아서 선동될 거란 말입니다."

윤승렬이 귀찮다는 듯 혀를 끌끌 찼다.

"에이! 그런 사람들까지 신경 쓰면 우리 대표님 다음 대선까지 못 버티십니다."

황규연의 눈이 동그랗게 변했다. 정면으로 뚫어져라 윤승렬을 바라봤다. 입술에 침을 한 번 바른 그가 또박또박 물었다.

"대선이요?"

"그럼요! 장관에, 총리에, 당 대표까지 하셨는데 이제 대선 가셔야 하지 않겠습니까? 솔직히 나연주 의원도 대표님 때문에 봐드리고 있는 겁니다. 차기 대통령의 심기가 불편한 걸 제가 어찌 두고 볼 수 있겠습니까."

황규연이 금으로 때운 어금니가 보일 정도로 큰 미소를 보였다.

"대선이라! 대통령이라!"

윤승렬이 진심어린 충고를 전했다.

"당내에 돌고 있는 내부문건들 진작 없애버리세요. 요즘 내부자들 어떻게 믿습니까?"

황규연이 별일 아니라는 듯 자신 있게 말했다.

"제가 청와대에 있을 때 어떻게 했는지 모르십니까? 별별 문건들 다 파쇄기 돌리고 나왔어요. 그 부분은 염려 안하셔도 됩니다."

윤승렬이 하늘을 찌를 듯한 아첨으로 받아쳤다.

"역시! 선견지명이 대단하십니다. 누구도 대표님 앞길을 방해 할 수 없을 것 같습니다."

황규연이 9시간 만에 검찰청에서 걸어 나왔다. 든든하게 저녁까지 해결하고 한 숨 늘어지게 자고 나온 그가 아직도 기자들이 진을 치고 있자 살짝 당황했다.

하지만 그는 프로였다. 상황을 빠르게 파악한 그가 액션을 취했다. 서둘러 피곤한 눈빛으로 살짝 몸을 비틀거렸다. 기자들의 카메라는 그의 액션을 고스란히 담아냈다. 한 기자가 빠르게 물었다.

"검찰에서 어떤 이야기를 하셨습니까!"

황규연이 빈혈이 있는 듯 손으로 이마를 잠시 짚고 있다가 방송용 카메라를 향해 차분히 말했다.

"대한민국 법이 정해 놓은 대로 묵비권을 행사하였습니다."

기자가 어이없는 표정으로 되물었다.

"아홉 시간이 넘는 시간동안 말입니까?"

황규연이 여전히 카메라를 바라보며 자신 있게 말했다.

"네! 전 묵비권을 행사했습니다."

"소환 대상자도 아니시라 검찰 측도 질문할 것이 별로 없었을 텐데요. 9시간 동안 묵비권이라는 게 좀 이해가..."

기자의 질문에 황규연의 표정이 순간 일그러졌다. 재빨리 정신을 차린 그가 다리가 풀리는 듯한 액션을 보였다. 수행비서가 서둘러 그를 부축했다.

"제가 너무 오랜 시간 조사를 받아서 인터뷰는 다음에 하도록 하겠습니다."

3

나연주가 당 지역 위원장들을 한 대 모아 놓고 잡들이를 하고 있었다. 지역위원장을 겸하고 있는 국회 의원들이 다수였기에 존대를 빼먹진 않았지만 말투는 확실히 하대를 하고 있었다. 자신들보다 나이가 어린 의원에게 한소리를 듣고 있는 이들은 전혀 대들 생각이 없어보였다. 그도 그럴 것이 모인 이들 중 대다수가 문제를 안고 있었다.

취업비리를 저지른 의원과 아들의 음주운전 뺑소니 사고가 화제 된 의원, 마약을 해외에서 들여오다 적발된 딸을 가진 위원장까지. 좀처럼 모이라 해도 모이지 않는 이들이 간만에 당 사무실을 가득 채우고 있었다.

나연주는 가득 기합을 담아 소리쳤다.

"집회하느라 돈이 얼마나 나가고 있는 줄 아세요? 당에 후원금들 안 내세요? 대표님이 밖에서 여러분들 사건 힘겹게 막아주고 계세요. 전 안에서 열심히 여러분들 미래를 위해 당 꾸려나가고 있고요! 이제 한계예요! 서초동에 있는 사람들처럼 우리가 자발적으로 모인 거 아닌 건 다들 잘 아시죠? 그 정도 인원 모으는데 우리가 얼마나 들어갔을 것 같아요?"

죄인의 모습을 한 의원들과 위원장들은 고개를 들지 못했다. 기세등등한 나연주가 자화자찬을 시작했다.

"지금까지 제가 후원금 받아서 버텨오긴 했어요. 종교단체 후원, 기업 후원 등등. 여러분이 빈둥빈둥 집회를 소풍 오듯 드나들 때 전 그 집회를 위해 여기 저기 구걸하고 다녔단 말이에요! 반성들 좀 하세요! 반성들 좀!"

취업비리는 저지른 의원이 참다못해 한 마디 뱉어 냈다.

"전 빼주시죠. 검찰조사 들어갔고 뇌물수수혐의로 기소 됐으니까요."

나연주가 날카롭게 쏘아댔다.

"그래서요? 불만이세요? 그러게 누가 봉투 주며 딸자식 취업구걸하래요?"

취업비리 의원이 언성을 높였다.

"거 말이 심하십니다! 그럼 나 의원님 아들과 따님은..."

나연주는 거침없이 말을 막아섰다.

"지금 뭐라고 하셨어요? 아하! 계속 그렇게 삐딱선 타신다는 말씀이시죠? 그럼 방법이 없네요. 집행유예 드리고 다 다음 공천은 약속드리려고 했었는데..."

취업비리 의원의 동공이 흔들렸다.

"네?"

"하는 수 없죠. 그냥 법대로 처리할 수밖에."

취업비리 의원이 인상을 구겼다.

"그럼 당내 분위기가 어찌 될지 아실 텐데요?"

얄궂은 표정으로 나연주가 비아냥거렸다.

"당 분위기가 왜요? 쇄신을 위해 당 대표를 중심으로 취업비리를 저지른 의원에 대해 엄중한 문책을 촉구하는 탄원서를 검찰에 낸다는데 오히려 국민들은 좋아하겠죠?"

취업비리 의원의 얼굴이 창백해지며 식은땀이 흘렀다. 등골이 오싹해지는 서늘함을 억누르며 억지로 목소리를 냈다.

"나 의원님. 왜 그러십니까."

조금 전과는 다르게 가냘픈 소리가 새어나왔다. 이윽고 흐느끼는 목소리로 취업비리 의원이 사정했다.

"억울한 면도 조금 있다는 걸 호탕하신 나 의원님께서 알아달라는 제 투정이었습니다. 아시잖습니까. 자식 키우는 입장에서 이해하시지 않습니까."

취업비리 의원의 눈은 하염없이 눈물을 만들어냈다. 나연주의 마음이 조금 누그러졌다.

"내일까지 모여계신 분들 어느 정도 후원금 마련해 오시길 바랍니다. 대표님과 제가 여러분들을 얼마나 챙기는지 생각해주셨으면 하는 바람입니다."

"네! 늘 명심합니다. 늘! 생각하고 담아두고 있습니다!"

취업비리 의원이 제일 먼저 대답했다. 나연주가 만족하며 다음 계획을 선포했다.

"우리 솔직히 이대로 계속 장외집회 하다간 당내 살림 거덜나요. 후원금 걷는 것도 한계가 있잖아요. 안 그래요?"

모두가 동조하는 표정이었다. 나연주가 발 빠르게 그들을 현혹했다.

"여러분들이 내일까지 마련하는 후원금요. 장담하

는데 반나절 집회 비용도 안돼요. 그래서 제가 제안을 좀 드릴까 하는데요."

"말씀하시죠."

취업비리 의원이 눈을 반짝이며 두 손을 무릎으로 공손히 모았다. 다른 의원들과 위원장들도 경청의 자세를 나연주에게 보여줬다. 흡족한 미소로 그녀가 상냥하게 설명했다.

"요즘 우리 일본기업들 위안부 문제 때문에 우리나라에서 장사하기 힘들죠? 그러니까 우리가 일본기업들 최소한 적자는 보지 않도록 해주자고요. 우리가 자주 쓰던 방법 있잖아요. 북한이 미사일 쏴도 우리 정권 탓, 미국이 방위비 올려달라고 해도 우리 정권 탓 했던 것처럼 일본이 수입 규제 한 거 우리 정권 탓 좀 하면서 대한민국 안보 망친 것처럼 경제 망친다고 목소리 좀 내줍시다. 불매운동으로 국내 일본기업 다니던 가장들이 실업자 되고 있다고 강하게 한 번 나가 줍시다. 그럼 일본 기업들이 가만히 있겠어요? 집회비용 대줄 거 아니에요."

취업비리 의원이 감탄의 탄성을 내질렀다.

"이야! 나 의원님 현명하십니다!"

취업비리 의원이 박수를 쳐댔다. 하나둘 누구에게 질세라 나연주를 향해 박수갈채를 보냈다. 잠시 뜨거운 호응을 온몸으로 느끼고 있던 그녀가 사람들을 진정시켰다. 박수소리가 작아짐과 동시에 그녀가 작전을 하달했다.

"여전히 빨갱이는 통합니다. 북한이 요즘 삐딱선 제대로 타주고 있잖아요. 미사일 막 쏴대면서 말이죠."

나연주의 말이 어떤 의미인지를 알아챈 의원들과 위원장들이 음흉하게 웃었다. 그녀가 마지막 명령을 전해주며 적극적인 행동을 지시했다.

"좌빨 세력의 안보무능, 전쟁위협 다시 한 번 꺼내 듭시다. 조국과 북한, 얼마나 잘 어울려요? 온 힘을 다해 국민안보이슈와 조국수사로 돌려놓고 일본기업 숨통 트일 수 있게 불매운동 잠재워 버립시다. 우리가 친절히 국민들에게 정해주는 겁니다. 진보와 보수, 서초동 아니면 광화문 둘 중 하나만 생각하게 만들어 주자고요. 불매 따위 생각 못하게 우리가 정확하게 갈라 버리는 거 쉽잖아요? 일석이조 아닙니까? 일본 불매 줄고, 일본 기업 돈으로 장외집회 이어나가면서 중도층 우리 쪽으로 확 땡겨 오고.."

4

조국이 개인 승용차 직접 몰고 있었다. 조미연이 함께 타있었다. 이른 새벽이었다. 모두가 잠든 시간 일어난 부녀였다. 그가 먼저 일어나 따뜻한 라떼를 커피포트에 담았다. 나중에 일어난 그녀는 말없이 나갈 준비를 시작했다.

함께 차에 타자마자 조국이 따뜻한 라떼를 컵에 따라 건넸다.

"마시면서 가. 피곤하잖아."

조미연이 처음으로 피식 웃었다. 그녀가 컵을 받아 들자 차가 곧장 출발했다. 아직 출근 전인 도로를 여유롭게 내달렸다. 그녀가 굳어있는 표정으로 운전을 하고 있는 조국에게 물었다.

"만약 사람들이 아빠 이해하지 못하면 어쩌지?"

차가 빨간 신호를 받았다. 조국이 브레이크를 부드럽게 밟았다. 완전히 차가 정차하자 그가 조미연을 바라봤다.

"투쟁만이 우리를 성장시킨다고 생각했던 시절이 있었어. 그때의 아빠 무척이나 거칠고 반항적이었지.

강한 저항과 과격한 집단행동이 세상을 바꿀 수 있다고 믿었었단다. 조금 더 솔직히 말하자면 아주 최근까지도 그 생각은 변하지 않았어. 노무현 대통령님이나 문재인 대통령님과 개혁의 의지는 같았지만 방법에 있어서 차이를 보이는 부분이기도 했지."

조미연은 이야기에 빠져들었다. 그녀는 잠시 신호등을 바라봤다. 다행히도 아직 파란불은 켜지지 않았다. 큰 사거리인지라 신호는 꽤나 긴 시간을 소비해야 바뀔 것 같았다. 왠지 모르게 안도가 됐다. 충분히 이야기를 듣고 싶었다. 조국 역시 함부로 시간을 낭비하지 않았다.

"그런 아빠의 생각이 바뀌게 된 계기가 있었어. 미연이나 엄마도 잘 알거야. 우리도 함께 했었던 순간들이었으니까."

조미연이 본능적으로 중얼거렸다.

"촛불집회."

조국이 미소를 보이며 조미연의 머리를 쓰다듬었다.

"맞아. 정답! 아빠 충격이었어. 시위가, 투쟁이 문화가 될 수 있다는 것을 보고 충격을 받았지. 가수들이 노래를 부르고 자유로운 발언이 이어지는 가운데

퍼포먼스와 춤이 함께 했지. 아빠의 생각이 보기 좋게 오답이 되어버린 순간이었어. 사람들은 고통과 분노를 축제로 승화시켰어. 무력이 아니라 나눔과 문화로 발전시켰던 거야. 그걸 보며 깨달았어. 내 머리는 절대 우리나라 국민들의 성숙한 의식을 따라가지 못한다는 걸."

조미연이 물었다.

"아빠 믿는 거야? 사람들을?"

조국이 자신 있게 입을 열었다. 그와 동시에 신호가 파란불로 바뀌고 말았다.

"응. 완전히 신뢰해. 그리고 의지해. 또 다시 축제는 시작될 거야. 엄청난 문화의 장이 펼쳐지며 더 발전되고 성숙한 세상으로 우린 인도될 거야."

조국의 승용차가 도착한 곳은 방송국이었다. 그의 말을 끝으로 한마디도 하지 않던 조미연이 내리기 전 그에게 말했다.

"아빠."

"응?"

"촛불집회 때 우리가 그곳에 서있었잖아."

"그랬지."

"이번에도 그런 거라 생각할게."

조국은 말없이 웃음으로 고마움을 전했다. 조미연이 차에서 내리며 마지막 말을 전했다.

"인터뷰 당당하게 할 거야. 있는 그대로 떳떳하게. 절대 두려워하지 않을 거야."

5

문재인의 하루는 길었다. 답답한 마음들이 온통 그를 짓누르고 있었다.

야당의 색깔론이 다시 고개를 들고 있었다. 그들은 반대자를 빨갱이라 욕하고 모욕했다. 점차 광화문은 과격시위로 물들어가고 있었다. 촛불과는 전혀 다른 양상에 문재인은 근심을 떨쳐버릴 수 없었다.

희생자가 나오는 걸 바라지 않았다. 비록 갈라진 의견들로 청와대를 향해 칼날을 겨누고 있지만 누구도 다치지 않길 바랐다. 진통 끝에 하나가 될 우리라는 걸 믿었기에 더욱이 그랬다.

광화문의 시위를 과격하게 만드는 건 바로 검찰과

언론, 정치권이었다. 검찰은 조국과 연루된 모든 사건의 증거를 찾지 못하는 가운데에서도 무차별적인 기소를 이어갔다. 어느새 조국 가족에 대한 혐의만 11개로 늘어났다. 하지만 제대로 된 증거는 하나도 없었다. 검찰은 조국 가족과 연관된 70군데가 넘는 장소를 압수수색 했지만 아무런 성과도 내지 못하고 있었다. 그런 와중에도 언론은 계속해서 혐의가 늘어나고 기소가 됐다는 뉴스만을 보도했다. 증거를 찾지 못하고 있다는 보도는 어디에서도 방송되거나 쓰이지 않았다. 정치권 역시 이런 언론의 보도를 이용해 혐의와 증거가 범죄의 증거인양 선동했다. 하지만 야당은 거기에서 멈추지 않았다. 때마침 북한이 미사일을 쏘아 올렸다. 야당은 북한의 미사일 발사는 전쟁의 시작을 알리는 신호탄이라며 불안을 조성해나갔다. 이런 안보선동에 넘어간 이들은 점점 과격해져갔다. 조국이 장관으로 임명된 지 17일 만에 다섯 번의 시위가 이어졌다.

문재인이 청와대 집무실에서 광화문에 모인 이들을 바라보고 있는 가운데 황필성이 조용히 그를 찾았다.

"대통령님 임 대표님 전화입니다."

황필성은 정중히 핸드폰을 건넸다.

"조용히 계시고 싶으신 건 알겠지만 임 대표님 전화는 꼭 연결해드려야 할 것 같았습니다."

문재인이 웃으며 핸드폰을 건네받았다.

"고맙습니다."

황필성이 조용히 방을 빠져나갔다. 얼굴이 다시 굳어진 문재인이 전화를 받았다.

"며칠 고생하느라 힘들었지?"

문재인이 억지로 목에 힘을 줘 말했다. 하지만 지친 기색은 진하게 묻어났다. 임정찬이 그의 얼굴을 보지 않은 가운데 상태를 짐작했다.

"한숨도 못자고 기다렸나보네."

"잘 아네."

"특별법 결과가 그렇게 궁금했어?"

"지금 당장 내가 할 수 있는 개혁의 행동은 국회의원 자녀들 대입조사뿐이니까."

"그럼 최소 72시간 못 자고 기다렸다는 건데."

"자네가 좀 자게 해주려나?"

"그래야지. 지금 자네 쓰러지면 큰일이니까."

문재인이 눈을 감고 안도의 숨을 내쉬었다.

"특별법에 힘을 모으기로 한 건가?"

"그래. 우리 당도 개혁의 재물이 되어야 명분이 생길 것 아닌가. 우리가 먼저 나서서 개혁하기로 했네. 그리고 다음 총선에는 우리 중진 의원들 모두 선거에 나가지 않을 생각이네."

눈을 감고 가만히 듣던 문재인이 눈을 떴다.

"진심인가?"

"우린 고인물이니까. 우리부터 내려놓아야 명분이 생겨. 개혁을 원했다면서? 우리 자체도 개혁의 대상으로 바라봐야 국민들도 인정할 것이 아닌가."

문재인이 짧게 말했다.

"고맙네."

문재인의 감사표시에 임정찬은 질문으로 응수했다.

"내가 깜빡한 게 있는데 말이야. 자네 19대 대선때 득표수가 어떻게 됐었지?"

"나? 그건 왜?"

"그냥. 궁금해서. 빨리 말해봐."

문재인이 정확한 숫자를 거침없이 답했다.

"천 삼백 사십이만 삼천 팔백 표." 전제 득표에 41.08프로."

문재인은 부연설명을 멈추지 않았다.

"전체 투표수에 41.08프로 지지율. 유권자 4,248만 명 중 3280만 명인 77.2%가 투표했지. 대한민국 역사상 가장 많은 유권자와 투표자 수를 기록한 대선이었어. 국민들이 개혁을 간절히 바라며 세상을 바꾸고 싶어 했다는 증거이기도 하지."

임정찬이 혼잣말로 중얼거렸다.

"천 삼백 사십이만 삼천 팔백 표라. 역대 최고 유권자라. 대단하군. 친구이기 이전에 자네가 대통령이라는 사실을 이제 인정해야겠어."

문재인이 물었다.

"갑자기 무슨 소린가?"

"내가 자네에게 한 번이라도 고개 숙였던 적 있었던가?"

"내 기억으로는 없네."

임정찬이 숨을 가다듬었다. 가슴 속 깊은 곳에서 우러나온 진심을 경건하게 말했다.

"대통령님."

"…"

"투표는 언제나 개혁을 원하는 국민들의 염원을

담고 있다고 생각합니다. 대통령님을 뽑았든 뽑지 않았든 모든 국민은 자신들의 기준에 맞는 정의를 향해 투표를 하고 있는 것이라 생각합니다. 결국 투표하는 모든 국민은 정의를 갈망하고 개혁을 원하고 있다고 저는 굳게 믿고 있습니다."

문재인이 가만히 들으며 광화문을 바라봤다. 임정찬의 말은 계속 됐다.

"저희 국회의원들도 마찬가지입니다. 각자의 정의와 개혁을 소망하는 국민들의 대표로 이 자리에 나와 있습니다. 너무 다른 정의지만 국민들은 하나 같이 원하는 것이 있습니다."

문재인과 노무현, 임정찬이 늘 입에 달고 살았던 말이었다. 두 남자는 동시에 입을 열었다.

"공정, 평등, 평화, 공평, 풍요."

문재인이 다음 말을 이었다.

"그리고 반드시 사라지길 바라는 것들이 있지요."

두 남자는 또 다시 입을 모았다.

"청탁, 뇌물, 비리, 전쟁, 범죄, 빈곤."

임정찬이 말했다.

"우린 모두를 위한 길을 걸어갈 수 있습니다. 광화

문에 모인 사람들도, 서초동에 모인 사람들도 분열이 아닌 화합으로 이끌 수 있는 희망이 아직 남아있습니다. 대통령께서 꼭 이루시길 바랍니다. 저희부터 스스로 개혁하고 바꿔나가겠습니다. 국민들이 우리의 진심을 알 수 있도록, 그래서 모두가 대통령님의 진심을 느낄 수 있도록 우리부터 내려놓겠습니다."

문재인이 두 번째 같은 말을 전했다.

"고맙습니다."

임정찬이 말했다.

"아닙니다. 만약 우리가 조금만 일찍 개혁을 했었더라면, 우리가 손에 쥐고 있는 썩고 고인 권력을 진작에 내려놓았더라면 노무현 대통령님께서는 돌아가시지 않았을지도 모른다는 생각을 해봅니다. 너무 늦은 자성의 목소리가 부끄럽고 후회됩니다."

문재인의 눈은 광화문을 흐리게 담아내버렸다. 심장을 밀고 넘어오려는 감정을 억지로 참아내며 핸드폰 너머의 임정찬에게 자신의 감정을 들키지 않으려 애썼다.

임정찬이 미련을 결심으로 바꾸며 말했다.

"대통령님만은 지켜드리고 싶습니다. 친구로, 정치

적 동반자로, 국민을 대표하는 사람의 자격으로 말입니다. 반드시 지켜내겠습니다. 개혁도, 대통령님도."

문재인이 끝내 감정을 드러내버렸다. 떨리는 목소리로 세 번째 같은 말을 전했다.

"고맙... 습니다."

6

노무현의 서거 소식에 광화문은 노란 물결로 가득했다. 국민들은 설마 했던 비극이 사실임을 인정할 수밖에 없었다.

권력은 두려움 속에 몸을 움츠렸다. 검찰이 대한민국 역사상 처음으로 공포를 느꼈던 날이기도 했다. 언론도, 정치권도 그랬다. 더러운 권력들은 노무현의 안타까운 죽음을 슬퍼할 틈이 없었다. 어쩌면 그리 똑같은지 그들은 한 단어만을 머리에 선명히 떠올리고 있었다.

계엄령! 혹시나 하는 국민봉기를 염려하여 계엄령을 선포할 작전까지 세우고 있었다. 그와 동시에 발빠른 대처를 계획했다. 노무현의 장례를 국민장으로 치루는 것으로 합의 보고 전국에 분향소를 세웠다. 분향소 주변에 경찰 인력을 배치하고 혹시나 모를 봉기를 경계했다. 어차피 봉기가 일어나더라도 명분이 있는 장소에서 벌어질 것이 분명했다. 명분이 있는 장소라 하면 분향소나 노무현이 퇴임 후 인생을 보내기 위해 내려간 시골이 적당했다. 권력들은 죽음을 애도하는 척하며 국민들을 감시하기 위한 작전을 세운 것이다. 그들의 이런 경험은 훗날 민간인 사찰로 발전하고 이어지는데 크게 이바지하기도 했다.

그런데 국민들은 그들의 저급한 생각과는 다른 반응을 보였다. 진심으로 슬퍼했다. 울고 아파하며 국화한 송이와 담배를 고인의 마지막 가는 길에 가져갈 수 있도록 안겨줬다.

국민들은 노무현의 서거로 평화로운 시위를 경험할 수 있었다. 노란 물결을 처음 경험한 날이기도 했다. 국민이 분노와 슬픔을 평화롭게 나누는 방법을 처음으로 배운 순간이기도 했다.

문재인도 국민들처럼 노무현을 보낼 수밖에 없었다. 노무현을 잃은 분노가 그의 어금니를 산산조각 내버리기도 했지만 참아야만 했다. 남들 모르게 방구석에

숨어 눈물을 흘리다가도 사람들 앞에선 분노를 삭이려 이를 악물다 깨진 어금니였다. 하지만 참고 참으며 평화롭게 슬픔과 분노를 나눠야만 했다. 고인의 마지막 염원이었다. 누구도 항변으로 다치길 원치 않았던 노무현이었다.

노무현의 서거 며칠 전 일이었다. 검찰이 전직 대통령을 조사하면서 예의를 다하겠다는 변명을 내세웠던 날이기도 했다. 검찰이 약속한 예의를 친히 증명해주기 위해 언론은 헬기까지 띄워 퇴직한 대통령의 소환을 실시간으로 중계했던 날이기도 했다.

혼자 가겠다는 노무현을 만류하며 억지로 문재인이 차에 동석했다. 엄청난 취재진이 두 남자가 탄 차를 맹추격해왔다. 경호도 필요 없었다. 기자들은 바로 옆에 방송국 차를 바짝 대고 추격하며 대놓고 카메라를 들이밀었다.

"너무들 하는군. 대놓고 망신주려 하는 거잖아."

문재인이 카메라를 들이밀며 쫓아오는 방송국 차를 바라보며 불편한 심기를 드러냈다. 노무현이 방송국 카메라를 바라보며 말했다.

"다행인건 뭔지 알아? 저들은 아무것도 안 보여.

이 차 썬팅 엄청 진하거든. 경호차량이라서."

문재인이 웃고 있는 노무현을 바라봤다.

"지금 농담이 나와?"

"웃기라도 해야지. 검찰 들어가면 웃을 일도 없는데. 자네랑 마지막으로 웃고 들어가고 싶어서."

문재인이 노무현의 손을 잡았다.

"너무 걱정하지 말자."

노무현도 문재인의 손에 힘을 전했다.

"내가 걱정하는 건 단 하나야."

"그게 뭔데?"

"내일 출근해야 하는 평범한 어느 직장인이 나로 인해 다치는 걸 볼 수 없을 것 같아. 평범한 하루를 보내는 이들이 모이게 되고 항의하게 된다면 지금의 권력은 분명히 강한 보복을 실천할 테니까."

노무현이 서로 붙잡고 있는 손을 다른 손으로 감싸며 문재인에게 부탁했다.

"재인이! 부탁하네. 혹여 내게 무슨 일이 벌어지더라도 절대 국민들을 분노하게 하지 말게. 모이게 해서는 안 되네. 우린 개혁을 원하는 것이지 국민의 피를 원하는 것이 아니지 않는가! 우리가 개혁을 위해 국민의 희생을 앞장세운다면 나라의 이름을 바꿔온 이 땅의 권력자들과 뭐가 다른가! 부탁하네. 그저 고개 숙여야 하네. 어떤 자극을 하더라도 고개 숙여야 하네. 우리만 희생하세나. 우리가 멀리 돌아가더라도, 개혁의 순간이 늦춰지더라도 국민들만은 다치거나 희생되면 절대 안 되네. 때가 되면 모일 수 있을 거야. 평화적으로, 밝은 빛을 향해 엄청난 국민들이 한 곳에 모여들 거야. 그때를 기다려야 해. 엄청난 인원에 감히 권력조차 대항할 수 없을 때를 말이야. 반드시 찾아올 거야. 그러니 지금은 우리가 다 감당하도록 하자고."

노무현의 예언은 정확히 맞아 떨어졌다. 엄청난 두려움으로 계엄령까지 생각하던 권력들은 국민들의 평화롭고 현명한 대처에 점점 기세등등해졌다. 대규모 시위를 바란 건 아니지만 평화적으로만 진행되는 추모를 바란 것도 아니었다. 평화적인 상태에선 분열을 일으킬 수 없다. 평화의 특징은 흡수였기 때문이다. 평화로운 일에는 사람들이 동조하기 마련이다. 때문에 상반된 입장의 반대파라고 하더라도 상대의 평화적 모습을 보게 되면 동요하게 된다. 쉽게 말해 노무현을 반대하던 입장의 사람이라도 추모를 위해 분향소를 찾게 된다는 말이다. 권력들은 절대 원치 않던 일이었다. 권력이 차지하고 있는 정권이 지지율 폭락을 맞이한 이유는 평화 때문이었다는 결론을 쉽게 내릴 수 있었다. 그들은 언제나처럼 분열을 원했다. 작은 분노의 반항을 원했다. 그걸 진압하는 정권의 강력한 카리스마를 보여주고 싶었다. 그로 인해 국민들이 찬반의 분열에 휩싸이길 원했다.

노무현의 서거가 가져온 평화의 화합을 권력들은 더는 두고 볼 수 없었다. 그들에겐 극단적인 지지자들이 절실히 필요했다. 권력들은 선동을 위한 쇼를 서둘러 준비했다. 바로 현 대통령의 분향소 방문이었다. 정치검찰에게 칼을 쥐어준 이가 현 대통령이라는 걸 대한민국 국민이면 누구나 알고 있었다. 그렇기 때문에 노무현의 비극은 현직 대통령으로부터 시작됐다는 의견이 지배적이기도 했다. 권력들은 그걸 이용하기로 했다. 분명 현 대통령이 분향소를 찾으면 몇몇 사람들이 분노할 것이다. 그 분노는 국민들에게까지 이어질 것이고 보다 못한 소수의 국민들은 반항할 것이 뻔했다.

권력의 계획은 완벽했다. 현 대통령의 분향소 조문에 임정찬이 분노를 들어냈다. 대통령은 속으로 쾌재를 불렀다.

정치인의 분노다. 임정찬을 따르는 유권자들도 함께 분노할 것이다. 그럼 사람들이 반항을 위해 모이는 건 시간문제였다.

마음과는 다르게 현 대통령은 침통한 표정으로 고개를 숙였다. 임정찬은 계속해서 분노를 쏟아냈다.

"여기가 어디라고 찾아오는 겁니까!"

임정찬의 말에 아무 대꾸도 하지 않고 국화 한 송이를 노무현에게 전하는 현 대통령이었다. 분향소 분위기가 점차 뜨겁게 달아오를 즈음이었다. 그때였다. 찬물을 끼얹는 자가 나타났다. 바로 문재인이었다. 그가 대통령 앞으로 다가갔다. 그리고 말했다.

"이렇게 찾아주셔서 감사합니다."

문재인은 허리를 90도로 숙이는 정중한 예의까지 보였다. 그의 행동에 임정찬이 입을 닫아버렸다. 사람들은 잘 알고 있었다. 노무현과 그의 관계를 말이다. 고인의 가장 친한 친구이자 동료였다. 그런 그가 고개를 숙였다.

현 대통령의 인상이 구겨졌다. 이게 아니었는데 말이다. 문재인은 끝까지 정중히 대통령을 마중했다. 대통령이 돌아가는 순간까지 단 한 번도 적대감을 드러내지 않았다. 단 한 번도 고개를 들지 않았다.

집으로 돌아온 문재인은 방안에서 통곡하며 노무현에게 외쳤다.

"약속 지켰네! 내 소중한 사람아! 자네의 마지막 부탁 지켜줬네! 누구도 다치지 않고 가겠네! 돌아가더라도, 분하고 원통하더라도 반드시 원칙을 지키며 걸어가자는 약속 꼭 지키겠네! 누구도 희생되지 않는 개혁을 완수할 것을 맹세하네! 지켜봐주게! 나의 소중한 친구여!"

그날 문재인의 어금니는 산산조각 났다.

7

늦은 새벽 문재인은 여전히 사람들이 흩어진 텅 빈 광화문을 바라보고 있었다. 이윽고 그가 경호실을 호출했다. 경호실장이 직접 그가 있는 방으로 찾아왔다.

"지금 광화문 좀 가볼 수 있을까요?"

경호실장이 당황했다.

"지금 말입니까?"

문재인이 경호실장을 설득하기 시작했다.

"가끔 흔들리고 두려워질 때가 있어요. 그때가 되면 언제나 촛불을 들었던 우리를 생각하죠. 지금 그때를 다시 느껴보고 싶군요. 그리고 어제 광화문에 있었던 사람들은 어땠는지 궁금하기도 하고요. 결국 다르지 않은 우리라고 생각하고 싶어요. 그래야 나 스스로 위안을 삼을 수 있을 것 같습니다."

경호실장은 어디에서나 볼 수 있는 적당한 중형차량을 몰고 광화문으로 향했다. 광화문을 몇 바퀴를 돌아본 경호실장은 광화문 한 귀퉁이에 잠시 차를 댔다. 문재인이 차에서 내리려 했다.

"대통령님 꼼짝 말고 여기 계셔야 합니다. 전 저 앞에 바로 주차하고 오겠습니다. 원래는 혼자 대통령님을 계시게 하면 안 되는데..."

문재인이 웃었다.

"몇 번이나 말씀하세요. 편히 갔다가 오세요. 여기 주차했다간 경찰 옵니다. 그럼 우리 나온 거 다 들켜요.

더 일 커지기 전에 빨리 주차하고 오세요."

"네. 빨리 오겠습니다."

문재인은 경호실장의 어깨를 토닥인 뒤 차에서 내렸다. 그가 내리자마자 차는 빠른 속도로 골목을 향해 들어갔다.

광화문은 몇몇 천막이 아직 철거되지 않은 상태로 자리를 차지하고 있었다. 저 멀리 세월호 천막도 보였고 야당이 어제 집회를 끝내고 치우지 않은 천막들도 군데군데 눈에 띄었다. 사람들이 종종 지나다녔지만 넓은 광화문에서 문재인은 주목받지 않았다. 그는 광화문에 널브러져 있는 태극기들을 내려다보았다. 그가 천천히 허리를 굽혀 태극기를 주웠다. 그 때 급하게 경호실장이 숨을 헐떡거리며 그에게 다가왔다.

"제가 좀 늦었습니다."

문재인의 표정은 어두웠다. 그가 쓸쓸하게 말했다.

"그래도 태극기인데."

경호실장이 찢어지고 발자국들이 선명하게 남겨진 태극기를 바라봤다. 문재인이 중얼거렸다.

"이 나라 독립을 위해 희생하신 순국선열들이 보시면 참 슬프겠네요."

경호실장이 즉각 대답했다.

"아! 네! 제가 특전사에 태극마크 달고 금메달 딴 국가대표출신 아닙니다. 아! 그리고 보니 대통령께서도 그러시네요. 우리에게 이 태극기는 자부심 아닙니까! 어찌 나라를 생각하고 위한다면서 태극기를 이렇게 버리고 갈 수 있는 건지."

문재인이 무릎을 꿇고 고이고이 태극기를 접어나갔다. 경호실장이 잠시 머뭇거리더니 주위에 널브러진 태극기를 주위 함께 접기 시작했다.

빨갱이를 처단해야 한다던 이들이 태극기를 버리고 떠났다.

빨갱이라 지목당한 이가 태극기 앞에 무릎 꿇었다.

8

10년 전 노무현이 검찰청에서 밤샘조사를 받고 내려가는 길에 문재인에게 말했다.

"치욕스럽지만 참아냈네."

문재인이 담배를 건넸다. 노무현이 고개를 흔들며 거부했다.

"창문 열면 바로 기자들 카메라야. 봐봐. 끝까지 쫓아오잖아. 조금 참지 뭐."

문재인이 주머니에 담배를 넣었다.

"언제까지 참을 텐가?"

노무현이 지친 목소리를 억지로 끌어올려 말했다.

"죽을 때까지."

문재인이 노무현을 바라봤다.

"뭐라고?"

심신이 힘겨운 노무현이 억지로 웃음을 지어보였다.

"죽을 때까지 참는다고."

문재인이 노무현을 보내며 약속했다.

"나도 죽을 때까지 참아봄세."

그날 문재인은 담배를 끊었다.

세 남자 이야기

서초동의 불빛이 참으로 밝은 저녁이로구나! 내가 세상을 떠나는 날엔 노란 리본들이 가득했는데 이제 그 리본들이 밝은 촛불로 더욱 찬란한 빛을 더하고 있는 모습이 참으로 보기 좋구나!

어? 조국 자네가 딸과 아내를 데리고 그곳에 왜 있는 건가? 사람들 틈에서 남몰래 함께 촛불을 들고 뭘 하는 건가? 그러다 자네가 와 있는 걸 기자들이 알면 얼마나 호들갑을 떨지 모르는 건가? 이미 나를 보며 알았지 깨닫지 않았나?

검찰 탄압이라는 말을 시작으로 서초동 집회를 더욱 거세게 만들기 위한 정치적 행보라고 끄적일 기자들이 두렵지도 않은가?

뭐라고 딸에게 말하는 건가? 너무 작은 소리라 잘

들리지 않으니 크게 좀 말해보게.

"아빠 내일 사퇴할거야."

정말인가? 이렇게 자네를 위해 사람들이 조국수호를 외치는데도? 정말 그리 내려놓을 수 있겠는가?

"이렇게 사람들이 지켜주는데? 꼭 그래야겠어?"

그래! 조국 자네를 닮아서 그런지 똑 부러진 질문을 잘도 해주는 딸이구나!

"조국수호를 외치면 안 되니까. 이곳 서초동은 검찰개혁을 외쳐야 하니까."

이런! 자네 스스로 내려놓고 잊히는 쪽을 선택하겠다는 것인가? 자리를 내려놓고 국민의 입에서 잊힌 권력은 반드시 억울한 대가를 치러야 한다네. 자네도 날 보며 느꼈지 않은가! 이미 재인이와 계획한 일이라는 걸 알지만 난 자네보다 가족이 더 걱정되네. 나에게 했던 그대로 그들은 자네를 고문할 테니까.

"당신이 사퇴하면 그들은 더욱 우릴 괴롭히겠지?"

역시 자네 아내도 잘 알고 있구만.

"확실히 더 집요해지겠지. 하지만 이건 잘못됐어. 당신과 미연이에겐 미안하지만 이곳은 개혁을 위한 곳이 되어야 해. 반드시."

"아빠. 난 괜찮아."

"병원에서 무리하지 말라고 했지만 조금 더 해보지 뭐."

"고마워. 진심으로. 내일부터 우리 서초동에 집회 있을 때마다 나올까? 당당하게 검찰개혁 외치는 거야. 아빠가 내일 발표할 개혁안에 힘을 실어줘!"

가족들이 애써 웃는다고 그게 웃는 건줄 아는가? 그렇다고 자네까지 웃으면 어쩌자는 건가? 어라? 다들 정말 웃는 건가? 진심인가? 앞으로 어떤 일이 벌어질지 알고 있으면서도?

하긴 그랬었지. 개혁을 위한 의지가 가장 불타오르던 자네이기도 했었지. 재인이와 나보다 더 적극적으로 실천할 것을 맹세하고 다짐하던 자네였다는 걸 내가 미처 깜빡했나보네.

그래도 내가 못내 걱정되네.

그런 와중에도 안도가 되네.

서초동의 촛불이 점점 커져나갈 것을 상상하니 말이야.

청와대의 주인을 바꿨던 국민들이 이곳에 다시 모이고 있으니 말이야.

이들이 알려줄 걸세.

드디어 그때가 다가오고 있는 걸세.

정의는 가장 약한 곳에서 가장 강한 힘을 발휘한다는 진리!

우리가 꿈꿔온, 오천년 역사가 처음으로 맞이하는 국민을 위한 나라가!

서초동에 모인 이들이 떠날 때까지 함께 하다 보니 자네를 보러 오는 길이 좀 늦어졌네. 왜 자네를 보며 난 눈물이 흐르는 건지. 우리가 염원하던 순간들이 성큼성큼 다가올수록 자꾸만 자네에 대한 미안한 감정이 커져만 가네.

내가 그렇게 가고 자네가 얼마나 힘들었는지 늘 지켜봤네. 온갖 역경에 휘말리면서도 꿋꿋이 걸어가는 자네를 보고 얼마나 자랑스럽던지. 헌데 또 얼마나 마음이 힘들었는지 아나?

재인이! 이 사람아! 수고 많았네! 오늘 시정연설을 하러 가는 길을 내가 꼭 동행하고 싶었는데 늦지 않아 다행이네!

오늘따라 잘생긴 자네 얼굴이 더욱 빛이 나는구먼! 함께 차 안에서 담배라도 나눠 피면 좋으련만 자넨 끝까지 개혁의 마지막을 지켜봐야 하니 건강에 나쁜 담배는 내가 좀 더 참고 있겠네. 그러니 담배일랑 생각하지 말고 끝까지 권력이 국민에게 돌아가는 순간을 위해 노력해주게나.

시정연설문이 빼곡하네. 차 안에서 읽으면 멀미가 엄청날 텐데. 어디보자. 이거 국회에서 말했다간 야당의 반발이 굉장하겠군. 거기에다가 조국이 오늘 사퇴 기자회견과 개혁안 발표까지 하면 야당과 검찰, 기자들 밤새야겠는 걸?

왜 갑자기 창밖을 바라보나? 혹시 내 생각을 하는 건가?

"무현이 자네 기억하나?"

뭘 말인가?

"권력에 난도질당하고 죽어나더라도 국민의 기억 속에 괜찮은 대통령으로 남겨지고 싶다는 자네 말이 갑자기 떠오르네."

기억하고 있었고만. 그럼 자네 이건 기억하나? 대한민국 역사상 가장 욕 많이 먹는 대통령이 나였다는 거.

"그때 내가 말했지. 그런 대통령이 되긴 글렀다고. 지금 사람들은 무슨 문제만 생기면 이게 다 노무현 때문이라고 욕하고 다닌다고 핀잔줬던 일이 아직도 생생하네."

그랬었지. 이게 다 노무현 때문이다. 사람들은 무슨 일만 있으면 입버릇처럼 말했었지. 그로 인해 말도 안 되는 거짓들이 판을 치고 다니고 말이야.

"그런데도 자네는 사람들이 대통령이라도 욕하면서 스트레스를 풀 수 있다면 족하다고 했었어. 내가 그래도 말도 안 되는 거짓들은 좀 바로잡고 가자고 했을 때 자네는 끝까지 반대했었지."

권력은 국민에게 사용하라고 주어진 것이 아니니까. 오직 국민을 지키기 위한 수단이 되어야 하니까. 내가 권력을 사용해서 바로잡아버리면 또 다른 거짓의 반발이 생겨날 게 뻔했으니까. 그 거짓을 선동한 무리들을 개혁하면 그만이었으니까.

"조 장관이 개혁안 발표와 동시에 사퇴를 하고, 내가 시정연설을 마치고 나면 엄청난 거짓들이 난무하겠지?"

아마도.

"거짓에 현혹된 국민들은 무차별적으로 들고 일어나겠지?"

그러겠지. 어쩌겠나? 자넨? 바로잡을 생각인가?

"나도 어쩔 수 없이 자네와 같이 중얼거릴 테지. 권력에 난도질당하고 죽어나더라도 국민의 기억 속에 괜찮은 대통령으로 남겨지고 싶다고."

그럴 테지. 자네라면. 내 친구 자네라면. 근데 왜 난 뿌듯하기보다 아파오는 건지 모르겠네. 자넨 사람을 안타깝게 하는 재주가 있었다는 걸 알고 있는가?

죽을 만큼 힘들고 고통스러워도 울지 않던 자네였네. 그저 입술 한 번 꾹 깨물고 묵묵히 조용히 모든 걸 감당하던 자네였네. 역시 사람은 변하지 않는가 보네. 지금도 그러지 않는가! 지금도 입술 한 번 깨물고 아무렇지 않은 듯 걸어가려하지 않는가! 언제고 그랬던 자네이기에 의지하고 개혁을 믿고 맡길 수 있었지만 그만큼 아프고 안쓰러운 마음 역시 함께 안고 갈 수 밖에 없었다네.

문재인! 나의 등불이여! 그 등불이 부디 마지막까지 꺼지지 않길 바라오! 내 보잘 것 없는 영혼이 소멸하더라도 자네의 등불을 지킬 수 있다면 그걸로 족하오! 나의 등불! 나의 친구여! 걸어가 주오! 입술 한 번 깨물고 또 다시 걸어가 주오! 비틀거리더라도 걸어가 주오! 별일 아니라는 듯 끝까지 견디며 걸어가 주오!

무슨 일인가? 조국이 벌써 개혁안 발표와 사퇴 기자회견을 한 건가? 국회가 너무 시끄럽구만! 원래 시끄러운 곳이나 이 정도는 아니지 않는가! 역시! 맞구만! 정찬이 자네 표정은 언제나 모든 걸 읽어 내려가게 만든 다니까! 의장실에 들어서자마자 정찬이 자네 표정보고 알았네!

"대통령님 너무 빠른 거 아닙니까?"

나도 궁금하네. 정찬이 말대로 너무 빠른 거 아닌가?

"조 장관 뜻을 수용하기로 했습니다. 서초동의 촛불이 개혁을 위한 혁명으로 다시 태어나길 바라는 조 전 장관의 뜻을 존중하겠습니다."

재인이 자네가 나에게 너무 올곧게 가다간 부러진다 했었지? 내가 그대로 자네에게 돌려주겠네. 나보다 더한 곧음을 가진 자네이기에 부러질까 걱정된다네.

"그럼 오늘은 시정연설을 삼가시는 게 좋지 않겠습니까? 어차피 개혁에 대한 의지도 들어있는 연설이실 텐데 자칫 언론에서 노림수를 썼다고 비판이라도 한다면."

"인정해야지요. 노림수가 맞습니다. 개혁을 위해 동시에 호소하는 겁니다."

문재인 대통령! 19대 촛불 정권의 대통령답네!

존경하는 국민 여러분. 국회의장과 국회의원 여러분. 저는 오늘 국정운영에 대한 말씀과 2020년 예산안을 국민과 국회에 설명 드리려고 합니다.

앞선 조 장관의 사퇴와 개혁안 발표 기자회견에 많은 혼란이 있었을 것으로 생각합니다. 또 한 제가 조 장관의 사퇴를 이미 알고 시정연설을 하려 했는지 궁금하실 것으로 판단됩니다. 조 장관은 이미 사퇴와 동시에 개혁안의 초안 발표 의사를 전달해 왔고 청와대는 조 장관의 생각을 존중하기로 결정했습니다.

저는 이 자리에서 말씀드리고 싶습니다.

검찰의 특수부 폐지와 더불어 공수처 설치는 제가 국민들에게 약속했던 일이기도 합니다. 권력을 감시하는 기관에 대한 국민들의 염원을 전 반드시 이루고 싶습니다. 뿐만 아니라 정치검찰, 민간인 사찰, 기소권 남용 등으로 국민의 민심을 잃은 검찰에 대대적인 자성의 목소리를 촉구하는 한편 개혁을 받아들일 것을 국민의 이름으로 부탁드리는 바입니다.

야유하는 야당의 행동은 예나 지금이나 변하지 않았구나! 수십 년 전 개혁을 반대하던 무리들은 아직도 국회의원 배지를 달고 있구나!

황규연! 오랜만이오! 당신 친구 우병완은 잘 계시오? 아직도 승승장구 하시고 계시는군요. 날 조사하던 우병완 부장 검사는 국정농단 사태로 잠시 주춤하지만 곧 재기 하실 테지요? 근데 묻고 싶소! 어찌 그리 잘도 버티오? 온갖 비리를 가진 당신들인데 말이오! 대단들 하시오! 어? 나연주 의원도 오랜만이오. 잘 계셨소? 어찌 예전보다 얼굴이 더 좋아지셨소. 그토록 개혁을 반대하며 북한에 나라 넘어간다고 소리 치시더니 어찌 지금까지 우리나라 잘 지키셨나보오. 이번에도 그러시려 하시오? 참 대단들 하시오. 취업비리를 저지르고 사학비리, 군면제 사유문제, 자식들 이중국적, 대입문제 등 문제란 문제를 다 안고 있으면서도 아직도 국회에 자리를 차지하고 있는 걸 보니 감탄이 절로 나오오. 그런 엄청난 문제들을 안고 있으면서도 처벌받지 않고 조사받지 않는 것 또한 대단하다는 말 밖에 할 수 없을 것 같소이다.

근데 나연주 의원은 왜 갑자기 핸드폰을 만지는

것이오?

"대표님 지금 시정연설 보고 계세요?"

"대표실에서 보고 있어요."

"어쩌죠?"

"뭘 어째요? 아! 기자들 카메라에 문자 안 찍히게 조심하세요. 요즘 기자들 렌즈가 워낙 좋아서."

"걱정 마세요. 전 그래서 맨 뒷자리 앉잖아요. 근데 진짜 무슨 계획 있어요? 이렇게 되면 조국이 진짜 개혁을 위해 법무부 장관을 한 게 되어 버리잖아요. 권력욕심이 아니라요. 그리고 우리 앞으로 집회 이어 가야 하는데 명분이 없잖아요. 명분이!"

"조국과 문재인의 공통점은?"

"그게 무슨 소리예요?"

"공수처 설치 죽어라 외치죠?"

"네"

"공수처 설치로 검찰이 힘을 잃게 만들어서 조국 봐주기 수사하려고 한다. 이렇게 밀고 나가면 되죠. 그리고 좀 더 나아가서 문재인 대통령 퇴임 후 비리들 다 덮으려 공수처 설치한다고 밀고 나가면 다시 광화문에 모일 수 있어요."

"역시! 대표님이세요!"

"그리고 내가 검찰 총장한테도 공수처보단 검찰 내부의 변화를 먼저 봐달라고 대통령한테 요청하라고 지시해 놨어요. 그리고 검찰 특수부 없애 버리면 다시 이름 바꿔서 수사팀 하나 만들 수 있게 특검사건 하나 던져준다고 이미 총장하고 합의 봤습니다."

"좋은 방법이긴 한데요. 그것도 그거지만 여당이 국회의원 자녀들 대입전수조사특별법 꺼내든다는데 어쩌죠? 우리 애들 다 걸려요!"

"총선만 버티면 됩니다. 그때까지 절대 특별법 못 만들어요. 이미 여당 측 비리의원들 섭외 들어갔으니까 시간 끌기 해서 총선 넘겨버립시다. 총선만 이기면 장땡 아닙니까. 우리가 이겼는데 그게 어떻게 통과돼요?"

아직도 여전히 꼼수들로 사시는 구려. 정찬이가 그딴 꼼수 하나 눈치 못 챘을 것 같소? 재인이가 당신들 대처방법을 몰랐을 것 같소? 당신들의 음모로 대통령을 잃고 친구를 잃은 남자들이오. 조국이 정녕 당신들이 어찌 나올지 전혀 모른 채 이런 개혁안을 기습 발표했을 것 같소?

이제 세상이 바뀌었소. 대통령도 국민이 직접 바꾸는 세상이 왔단 말이오.

거짓이 두 번, 세 번 되면 진실이 되는 세상이 아니라 두 번, 세 번의 모든 거짓이 낱낱이 밝혀지는 세상이 온 것이란 말이오.

검찰과 언론, 정치가 대국민 사기를 치는 민낯을 국민들은 실시간으로 바라볼 것이오. 그리고 수십 년 전 당신들이 나에게 했던 행동을 떠올릴 것이오.

내가 왜 당신들이 주는 모든 수모를 반항 한 번 하지 않고 겪었을 것 같소?

분노의 기억은 절대 잊히지 않는 법이오. 그래서였소. 그래서 다 감당했소. 기억하라고. 개혁에 실패한 국민의 대표가 얼마나 초라해질 수 있는지 국민들에게 꼭 기억하라고.

그래서 항변하지 않았소. 굴복하고 무릎 꿇었소. 당신들이 이겼다고 비웃으며 날 발가벗겨 놓고 거짓이란 침을 뱉을 때에도, 죽어서조차 당신들의 입이 날 농락할 때에도 난 모든 걸 서슴없이 받아들이며 국민들의 머리와 가슴에 새겨 넣었소.

알아듣겠소? 오히려 당신들이 날 굴복시키기 위해 했던 과도한 모든 것들이 당신들에게 화살이 되어 날아가는 거요. 국민들은 과거 '권력농단'으로 나를 짓밟던 당신들을 떠올리며 분노하고 바꿀 것이요.

이제 국민은 청와대의 주인만을 바꾸는 것이 아니란 말이요.

국민은 다시 한 번 촛불을 들고 모일 것이요. 그리고 이번엔 대한민국 전체를 바꿔 놓을 것이요. 오직 국민만을 위해 존재하는 새로운 대한민국을 탄생시킬 것이요!

익숙한 곳이군. 정찬이와 나와 재인이 자네가 늘 모이던 곳이 아니던가.

청와대에서 우리가 가장 좋아하던 공간이었지. 이제 담배 냄새는 전혀 나지 않는군. 다행일세. 모두 나로 인해 담배를 끊게 돼서.

그나저나 조국을 이리로 부른 이유는 뭔가? 부르려면 고생했다고 밥이나 거창하게 사줄 것이지 말이야. 앞으로가 더 험난할 텐데 배라도 든든히 채워줘야 할 거 아닌가.

어? 벌써 왔나보군. 역시 약속은 칼같이 지키는 사람이야.

"대통령님."

"어서 앉아요. 수고 많으셨습니다."

차 한 잔 시켜줄 여유가 없는 걸 보니 재인이 자네가 꽤나 급한가 보군.

"하실 말씀 거침없이 하셔도 괜찮습니다."

조국도 이미 눈치 챘군. 그래. 무슨 일 때문에 이러는 건가?

"죄송하지만 또 다시 준비를 하셔야 할 것 같습니다."

어떤? 무슨 준비를 하라는 말인가?

"대통령님. 제가 또 무슨 할 일이 있는 겁니까?"

재인이 이 사람아! 웃지만 말고 대답을 해.

"서초동 나가셨었다고요."

"네."

"앞으로도 나가실 생각이십니까?"

"네. 이제 조국수호가 아닌 검찰개혁을 외칠 국민들과 같이 저도 한 사람의 국민으로 외쳐볼까 합니다."

"지금까지 서초동에 모인 국민들의 바람을 모두

들으셨겠어요?"

"네. 감사했습니다. 현장에 가보니 정말 심장이 뛰었습니다."

"조국수호."

재인이 자네는 역시 직설적이야. 그 부분이 담백하고 진실한 자네를 더욱 돋보이게 하지만 때론 상대를 부끄럽게 만들기도 한다는 걸 잊지 말았으면 한다네.

"부끄럽습니다."

"그 국민들은 조국 장관을 지키려고 했습니다."

"검찰개혁을 원했기에 절 보호해주신 것뿐입니다."

"개혁은 여전히 진행 중입니다."

"알고 있습니다."

"전에 제게 충고해주셨다시피 저는 내년 총선 이후로는 레임덕입니다. 여당이 그런 절 끝까지 지지해줄지도 모르는 일이고요."

나를 떠올리는 겐가? 그랬지. 정찬이도 총선 이후로는 힘이 없을 거야. 새로운 인물들을 뽑는다고 한들 그들이 권력을 탐하지 않을 거란 법은 없으니까. 근데 그걸 조국이 모르지 않을 거란 말일세. 무슨 말을 그리 뜸들이나? 자네답지 않게. 어서 말을 하게.

"그래서 부탁드리려 합니다. 개혁 완수를 위해 총선에 나가주세요."

"네?"

뭐라고?

"총선에 나가셔서 반드시 승리해 주세요. 그 다음 계획은 그때 가서 서로 이야기를 나눠 보도록 합시다."

하하! 역시 재인이야. 내가 끝까지 믿고 의지한 그릇다운 그림이야. 조국이! 승낙하시게. 뭘 그렇게 뜸 들이시나? 어이! 재인이! 자네 내가 예전에 했던 말을 조국에게 해줄 때가 온 것 같아.

"무현이가 내게 이런 말을 했었습니다."

"어떤 말씀을."

"제가 청와대에 있었을 때 전 공무원이지 정치인이 아니라고 하더군요. 국민에게 선택 받은 사람을 정치인이라고 한답니다. 하지만 전 국민이 뽑은 대통령에게 임명됐으니 공무원이라고 하더군요."

그래. 정치인은 어떤 누구든 모두 특별하지. 국민의 선택을 받은 사람들이니.

"무현이는 제가 그런 정치인이 되길 바랐습니다. 공무원이 아닌 국민이 직접 위임한 정치인으로 행동하길 바랐습니다. 저도 처음엔 조 장관과 같은 얼굴이었습니다. 당황스러웠죠. 하지만 느꼈습니다. 무현이를 추모하는 많은 사람들을 보며 이들을 대신할 사람이 되고 싶어졌습니다. 조 장관은 안 그랬습니까? 서초동에 모인 많은 사람들의 바람을 꼭 이뤄주고 싶지 않습니까?"

조국, 자네도 뭔가 다짐을 한 모양이구만. 말해보게. 어서.

"그랬습니다. 맞습니다. 곧 추운 겨울이 다가옵니다. 국민들이 추위와 싸우며 차가운 땅바닥에서 촛불을 들어야 한다는 사실도 불만입니다. 국민들이 다시 평범한 일상에서 행복을 찾도록 제가 앞장서서 바꾸고 싶었습니다."

그게 바로 정치인이야. 누군가를 대신해서 바꾸고 싶은 마음. 권력을 지키고 탐욕을 채우기 위함이 아닌 국민 대신 나서서 변화시키는 자들. 그게 바로 정치인의 본 모습인거야.

"할 수 있습니다. 총선을 준비하세요. 임 대표님께서 먼저 제안을 주신 일입니다. 그러니 임 대표님을 내일 만나보시길 바랍니다."

"임 대표님이요?"

정찬이가?

"우리가 할 일은 다 했습니다. 그러니 물러나야지요. 근데 우리 정말 잘 싸운 것 같습니다. 안 그래요? 권력을 이용해 폭력을 쓰지도 않았고 누군가를 음해하거나 정치적 탄압을 하지도 않았습니다."

그건 바로 독재자들만의 특권이라네. 그들이 쓰는 방법을 우리도 쓴다면 바꾸긴 하겠지만 국민은 우릴 받아들이지 않을 거야. 우린 국민이 인정하는 방법만으로 걸어가야 하는, 국민이 선출한 정치인이니까.

"덕분에 조 장관님과 함께 온갖 장애물은 다 만났지만 뿌듯합니다."

나도 그랬네.

"저도 그렇습니다."

"다만 조금 미안합니다. 우리가 끝내지 못하고 조 장관님까지 희생해야 한다는 사실이."

나도 그렇네. 내가 재인이 자네를 생각한 마음처럼 자네가 조국을 생각하는 마음도 그러한 것 같군.

"희생이 아닙니다."

재인이, 조국이 희생이 아니라는 말을 하니 갑자기

자네가 나에게 했던 말이 떠오르는군. 자네의 눈을 보니 자네도 그런 것 같은데. 맞나?

"희생이 아니면요?"

"전 공무원으로 기억되기 싫습니다. 대한민국 정치인으로 기억되고 싶습니다. 국민을 대변하는 정치인으로 국민들의 기억에 남겨지고 싶습니다."

아! 어찌 그리들 똑같은가! 재인이! 뭐라 말 좀 해보게! 딱 자네야. 안 그래?

"다행입니다. 그리 말씀해주셔서."

이제 알 것 같네. 우리 세 남자가 이 모진 시간을 묵묵히 감당 할 수 있었던 이유 말이야. 우린 정치인이었기 때문이야.

국민을 대변하는 정치인으로 기억되고 싶은 순정과도 같은 애절한 바람이 만든 도전이 바로 개혁이었던 거야!

2002년 12월 19일.

내가 당선 되던 날 가장 가까운 곳에서 날 지켜주던 자네가 뜨거운 포옹과 함께 말했지.

"축하하네. 무현이! 아니, 대통령님!"

자네가 당선 되던 날 난 미안함을 가득 안을 수밖에 없었다네. 난 자네를 안아 줄 수 없었거든.

대신 동네방네 목청껏 소리 지르며 다녔지.

늘 마음에 담고 있었던 말이었어.

사람들은 자네를 노무현의 친구라 말했어. 대통령의 친구라 말했지.

자네가 19대 대통령이 되던 날 난 천국을 뛰어다니며 덩실덩실 춤을 추며 자랑했다네.

"난 문재인의 친구 노무현이요! 19대 대한민국 대통령이 바로 내 친구요! 이제 대한민국은 진짜 사람 사는 세상이 찾아올 것이오! 다들 하늘 아래를 내려다 대한민국을 보소! 저기 국민들 앞에 당당히 서서 개혁을 외치는 친구가 바로 내 친구 재인이요! 우리의 꿈을 이뤄줄, 대한민국을 천국과 같이 만들어 줄 사람이 바로 저기 서있는 대한민국 대통령! 내 친구 재인이란 말이요!"

둘 다 쉽사리 잠을 이루지 못하는 구나! 참으로 운명이라는 것이 짓궂고 얄밉기도 하네.

뒤척이는 잠자리에서 무슨 생각을 하고 있을지 눈에

선하기에 더욱 내 마음이 힘들어 오는군.

우리 세 남자가 처음으로 만났던 그 날을 기억들 하고 있으려나?

6월 항쟁을 위해 모인 자리였지. 그때 우린 참 젊디 젊었네. 청년 조국은 민주화를 위한 투지에 불타올랐고 우리 역시 그러했었지.

젊음은 언제나 정의는 승리한다는 굳은 믿음을 안겨줬지. 그 믿음으로 6월 항쟁의 가장 앞자리를 자처했던 우리 세 남자는 만날 수밖에 없었던 운명이었던 거야.

그런 우리는 점차 경험을 통해 깨닫게 됐지.

수많은 희생으로 독재를 몰아내고 민주주의를 가져온다 한들 그들을 비호하는 세력은 절대 쓰러지지 않는다는 것을. 그들을 지켜내는 정의로 포장된 권력을 끌어내려야 비로소 바뀔 수 있다는 것을 말이야.

누가 먼저라고 할 것도 없이 우린 검찰개혁, 공수처 설치를 떠올리게 됐어. 그래야 비로소 우리가 꿈꾼 진정한 민주주의, 상식이 통하는 사회를 이룰 수 있었으니까.

권력을 감시하고 해체하지 않으면 국민의 희생으

로 얻어진 정의는 잠시 뿐이라는 걸 시간이 일깨워 줬으니까.

잠시뿐인 정의가 사라지고 나면 또 다시 국민의 희생을 요구해야 정의를 되찾을 수 있었으니까.

이제 우리가 할 수 있는 모든 것을 했다네. 선택은 국민에게 주어졌다네. 어떤 선택을 하느냐에 따라 달라질 대한민국의 100년 역사가 나는 무척이나 궁금하다네.

자네들도 그렇지 않은가? 그래서 잠들지 못하고 뒤척이는 것이 아닌가.

불안해하지 말고 푹 주무시게. 당장 앞에 놓인 음모와 모함들에 비틀거리겠지만 오늘만큼은 아무 생각 말고 단잠에 빠져 드시게.

내일이면 오늘보다 더 감당하기 힘들 일들을 권력을 가진 이들이 벌려놓을 테니까. 점점 거대한 사건들로 자네들을 무너뜨리려 할 테니까 말일세.

걱정하고 염려하고 마음을 쓴다 한들 우리에겐 어떠한 묘책도 없다네. 그저 국민이 선택해주길 바라는 일만이 우리가 할 수 있는 전부라는 걸 인정하세. 변할 수 없는, 노력한다고 바뀌지 않는 상황들을 신경

쓰기보다 차라리 잠이라도 푹 자두세.

국민의 위대한 선택으로 바뀐 대한민국의 미래를 꿈에서라도 만나보며 현실을 잠시 뒤로 둠세.

그렇지! 잘들 하시네. 그리 편안하게 눈을 감고 어깨에 힘을 쭉 빼야 잠이 잘 온다네!

믿어 보세나! 성숙한 우리 자랑스러운 대한민국의 국민을!

촛불로 개벽을 선물한 위대한 국민의 선택을!

총선

1

대한민국의 100년의 미래를 책임질 날이 찾아왔다. 수개월의 치열한 전투 끝에 드디어 승자를 판가름 할 시간만을 남겨두고 있었다.

모처럼 만에 고요한 하루이기도 했다. 어느 정당도 목소리를 내지 않았다. 청와대도, 검찰도, 언론도 오늘만큼은 거짓도 비방도 없는 겸손한 시간을 보내고 있었다.

그저 각기 모여 TV 화면만을 집중했다. 분위기는 야당이 더욱 유리한 듯 했다. 덕분에 여당은 비통한 심정을 감추지 못했다.

여당 중진 의원들은 개혁을 위한다며 모두가 총선

에 참여하지 않았다. 그에 따른 파장은 상당했다. 반대로 야당은 기존 의원들과 조국 사퇴에 공을 세운 이들을 전면에 내세웠다.

새로운 인물들과 기존 정치를 해온 이들의 싸움은 확연한 차이를 보였다. 비판과 비난에 능숙한 기존 후보들은 신진 후보들을 처참하게 박살냈다. 얼굴은 철면피요, 입은 거짓말만을 내뱉으면서도 전혀 부끄러움을 모르는 자들의 공격은 상상 이상이었다. 그와 반대로 상식을 지키며 윤리와 도덕, 청렴을 내세운 새로운 정치인들은 자극적인 이슈몰이에 실패하고 말았다.

기쁨을 감추지 못한 야당은 이른 자축을 서둘러 준비했다. 총선 결과를 함께 시청하기 위해 비밀리에 권력의 중심인물들을 조용한 별장으로 초대했다.

황규연과 나연주가 찾아오는 권력들을 정중하게 맞았다.

윤승렬이 제일 먼저 도착했다. 가장 기뻐할 사람 중 하나였다. 황규연이 정중히 악수를 청했다.

"총장님 오셨습니까! 아니! 차기 총리님이신가?"

약속이라도 한 듯 모두가 호탕하게 웃었다.

"저 오늘 여기까지 오는데 엄청 긴장했습니다."

나연주가 끼어들었다.

"긴장할 게 뭐 있어요? 어차피 투표 다 끝나고 개표만 남았는데. 이제 절대 공수처 따위 설치 못해요. 막말로 총장님과 우리가 각별하다고 한들 누가 우릴 처벌해요? 기소권은 검찰이, 법은 우리가 꽉 쥐고 있을 텐데."

윤승렬이 나연주의 손을 덥썩 잡고 말했다.

"그래야죠. 당연히 그래야죠. 반드시 그렇게 되어야 합니다. 우리 이번에 지면 답 없습니다. 저 대표님과 나 의원님만 믿고 진보인사들 전부 기소하고 조사하고 구속시켰습니다. 더군다나 조국 가족은 전부 다 구속시켰습니다."

나연주에게 질세라 황규연이 윤승렬을 위로했다.

"알죠. 우리 총장님 엄청 고생하신 거 저희가 다 알죠."

윤승렬이 눈물을 글썽였다.

"진짜 고생 엄청 했습니다. 우리 야당 의원님들 지키기 위해서 구속사유도 아닌데 구속하고, 기소사유도 아닌데 기소하고, 조사할 것도 없는데 조사하면서 총선까지 겨우 버텨냈습니다. 이제 방법이 없어요. 재판부에 구속기소 다 해놓고 증거 하나 제대로 못 넘겼습니다. 제가 총선까지 잘 이끌고 왔으니 꼭 승리하셔서 나머지 수습을 좀 부탁드리겠습니다."

황규연의 어깨로 윤승렬이 이마가 숙여졌다. 나연주가 작아진 총장의 어깨를 토닥였다.

"우리가 어찌 그 은혜를 잊겠어요. 우리 쪽 의원들 수사 최대한 끌어주신 덕분에 총선 나갈 수 있었어요. 걱정 마세요. 이제 탄핵심판으로 확 시선 돌릴 테니까."

그때 마침 언론사 대표들의 거대한 승용차들이 들어왔다. 대한민국 3대 언론사 대표들이 황급히 문을 열고 내리자마자 별장으로 뛰어올라왔다.

나연주가 말했다.

"앞으로 나서주실 분들이 또 도착하셨네요."

대표들은 미리 모여 있는 차기 정권실세들에게 꾸벅 인사를 했다.

"감축드립니다!"

허리를 굽히는 동시에 대표들의 입이 별장 전체를 울렸다.

황규연이 겸손하게 대답했다.

"벌써부터 축하를 받다니 민망합니다. 그리고 앞으로 더 신경 써주실 일들이 많습니다. 들어가서 좀더 얘기 나누시죠."

웃음만이 가득한 그들은 여유롭게 별장 안으로 들어갔다.

안락한 소파와 대형 TV가 그들을 맞았다. 이미 개표방송은 시작되고 있었다. 황규연이 먼저 자리에 앉았다. 그 다음 나연주와 윤승렬이 따라 앉았고 곧장 누가 뭐라 할 것도 없이 언론사 대표들이 소파에 자리를 잡았다.

황규연이 무릎정도 오는 테이블에 놓인 시원한 음료를 나연주와 윤승렬, 언론사 대표 순으로 천천히 따라줬다.

"오늘 같은 날은 술이 필요하겠지만 그건 따로 개표 끝난 뒤에 하도록 합시다."

모두가 잔을 채웠다. 황규연이 또 말했다.

"건배도 개표 끝난 다음에 하고요. 지금은 느긋하게 보면서 우리 윤승렬 총장님의 노고를 위한 심심한 위로의 건배를 하도록 합니다."

윤승렬은 황규연의 뜨거운 배려에 감사를 전했다.

"감사합니다."

모두가 윤승렬의 노고에 대한 감사의 건배를 정중히 함께 했다.

나연주가 다음 의식을 진행했다.

"앞으로 수고해주실 우리 언론사 대표님들을 위해 응원의 건배 한 번 할까요?"

황규연이 적극 동참을 유도했다.

"당연하지요. 자자! 펜의 칼날이 탄핵으로 향할 수 있길 바라며! 건배!"

모두가 최대한 잔을 높이 치켜들었다.

"위하여!"

욕망의 바람이 가득 담긴 외침이 별장 안을 가득 채웠다.

개표 초반은 크게 집중할 필요가 없었다. 황규연은 긴장감이 덜 할 때 본론을 마무리 짓는 게 좋다고 판단했다. 그가 헛기침을 살짝 하자 개표를 느긋하게 바라보던 이들의 고개가 그를 향했다.

"일단 승리를 염두에 두시고 각자 계획들을 세워보셨을 겁니다. 권력공동체인 우리가 앞으로 나아갈 방향에 대해 간단히 설명을 드릴 텐데요. 언론은 각별히 우리의 이야기를 귀담아 주시길 바랍니다."

J언론사 대표가 제일 먼저 대답했다.

"이번에도 저희가 제일 빠른 보도로 보답하겠습니다."

찬스를 놓친 두 언론사 대표가 아쉬워하며 눈빛으로나마 J언론사 대표의 말이 우리의 마음이라 절실히 표현하고 있었다.

황규연이 살짝 고개를 숙이며 고마움을 표했다.

"먼저 색깔론 공세를 강하게 펼쳐주신 언론에 감사를 전합니다. 총선에는 역시 색깔론이 최고인 것 같습니다. 아! 조국 가족들 혐의를 범죄인 것처럼 보도해 주신 것도 감사를 드리고 싶군요. 마지막으로 그건 진짜 예술이었어요! 공수처가 북한과 같은 독재를 위한 권력의 마지막 보루이다! 이 사설 정말 끝내줬습니다."

D언론사 대표가 눈치를 보다 황규연이 잠시 숨을 고르는 틈을 타 말했다.

"총장님과 나연주 의원님 측에서 워낙 보도자료를 상세히 잘 써주신 덕분입니다. 앞으로도 잘 부탁드리겠습니다."

윤승렬이 겸손을 보였다.

"기자분들의 펜이 공정했기 때문이지요."

나연주도 고개를 숙였다.

"별말씀을요. 우리 언론들이 아주 잘 해주셨어요. 검찰이 정의를 위한 대변자라 논평 많이 내주시고 우리 쪽 의원님들 기사 절제해주신 덕분에 정말 이번 총선이 한결 수월했습니다."

황규연이 다시 끼어들어 계획을 발표했다.

"앞으로 더 노력해주셔야겠습니다. 우리 총장님께서 우리 때문에 무리하신 건 다들 아실 겁니다."

K언론사의 대표가 윤승렬에게 고개를 넙죽 숙였다.

"총장님 감사합니다. 저희 일가사건 끌어주신 거..."

윤승렬은 겸손함을 유지했다.

"에이! 그건 다른 언론사 대표님들께 먼저 감사하세요. 저야 뭐 대한민국 질서유지를 위한 결론을 내렸을 뿐입니다."

K언론사 대표가 가볍게 고개를 숙이며 다른 언론사

대표들에게 감사인사를 전했다.

"모두 감사합니다. 보도 자제해주셔서."

K언론사 대표의 화답에 언론사 대표들은 가벼운 목례를 전하며 황규연의 이야기를 기다렸다. 그는 또 박또박 말을 이어갔다.

"조국이나 진보인사들에게 기소권을 남발하며 구속했던 사건들 무혐의나 공소권 없음 판결이 주를 이룰 겁니다. 정말 크게 벌줘봤자 재판부는 기소유예나 집행유예, 가벼운 벌금형 밖에 줄 수 없을 거예요. 근데 그걸 꼭 우리가 보도해야겠어요?"

언론사 대표들이 고개를 끄덕였다. 황규연이 점점 열변을 토했다.

"의심받을 짓들을 한 사람들이 잘못한 거 아닙니까! 정정기사 내면 우리 대한민국 검사들이 위축돼서 어떻게 제대로 수사할 수 있겠어요? 그리고 어차피 기소도 안 할 우리 의원들 사건을 더 들춰서 뭐하겠습니까? 때론 언론의 침묵이 국민에게 약이 될 수 있어요. 어차피 우리 국민들은 다 잊어요. 이대로 쭉 대선까지 가야하지 않겠습니까? 언제까지 구시대적인 이야기들로 신문을 채울 거예요? 건실하고 미래

지향적인 이야기들 많습니다. 돌아선 민심! 탄핵시계가 돌아갔다! 어때요? 이런 기사들 괜찮지 않나요?"

모두가 미소를 지었다. 그때 개표방송을 하고 있던 아나운서의 목소리가 별장 안 사람들의 미래를 더욱 행복하게 만들어줬다.

"현재 출구조사 지지도를 보면 확실히 야당의 승리가 우세하게 예상되고 있습니다. 아무래도 이번 선거에 여당의 악재가 많이 보도되고 검찰 조사를 받는 이들이 대부분 진보인사들이었기에 표심이 돌아선 듯 한데요."

노력은 배신을 하지 않는다는 진리가 그들에게 와 닿고 있었다. 나연주가 뿌듯함을 감추지 못하고 입을 열었다.

"우리의 노력이 국민의 선택을 받았네요. 앞으로 갈 길이 멀어요. 아직 다 승리한 건 아니잖아요. 경제무능, 안보무능, 국정비리 등 더욱 몰아세워야 정권까지 바꿀 수 있어요. 경제야 우리가 일본하고 수작질 좀 부리면 되고, 안보야 북한 앞세워서 이것저것 논평 좀 내주시고, 국정비리야 우리 총장님께서 그냥 무작정 더 혐의를 씌워주세요. 기왕 이렇게 된 거 대선까지 한 번 기소권 남발해보자고요."

나연주가 언론사들을 쏘아봤다.

"우리 총장님 지원사격 충분히 해주실 수 있죠?"

K언론사가 신뢰를 전했다.

"저희 언론은 언제나 그래왔습니다. 검찰의 정의를 국민에게 꼭 전해드릴 것입니다."

J언론사가 확답을 전했다.

"지금까지 검찰이 기소하신 모든 혐의에 대해서 하나도 빠짐없이 전해드렸습니다. 끝까지 언론의 책임을 다하겠습니다."

D언론사가 자신감을 전했다.

"국가의 위기는 언론이 변화시킬 수 있습니다. 이번 위기를 저희 언론이 앞장서서 바꿔나가겠습니다."

나연주가 언론사에 정통성을 부여했다.

"여러분들은 대한민국 최고 언론들입니다. 일제강점기부터 근현대사를 기록해온 자랑스러운 언론이란 말입니다. 우리도 그렇습니다. 일제강점기부터 이어진 정통성을 바탕으로 대한민국 교육과 법을 수호해왔습니다. 근본도 없는 이들이 권력을 잡게 되면 대한민국 근간이 흔들리는 겁니다. 근본 없는 국민들이,

정통도 없는 그들이 정권을 잡아서는 안 된단 말입니다. 우리가 대한민국의 뿌리입니다."

황규연이 마지막 결의를 다졌다.

"앞으론 촛불혁명 따위는 없어야 합니다. 좌빨세력들에게 속절없이 당하는 일은 없어야 된단 말입니다. 그러기 위해선 이번에 확실히 보여줘야 합니다. 국민들은 냄비입니다. 냄비들은 금방 식습니다. 좋은 것도 금방 식고 나쁜 것도 금방 식어요. 그래서 국민들은 노무현이 우리에게 대들다가 죽은 것도 잊었던 겁니다. 다시 보여줍시다. 빨갱이 정권 탈환하고 짓밟아버립시다. 다시 한 번 더 꿈틀댔다간 어찌 되는지 우리가 식어버린 냄비들에게 확인시켜주는 겁니다!"

황규연이 벌떡 일어나 소리쳤다.

"대한민국 만세! 애국보수 만세!"

윤승렬과 나연주, 언론사 대표가 동시에 일어나 두 손을 높이 들고 외쳤다.

"대한민국 만세! 애국보수 만세!"

2

조국은 여당과 지지자들에게서 벗어나 조미연과 함께 조용히 집을 지키고 있었다. 힘겨운 여정이었다. 아내가 구속된 후로 비틀거리는 자신을 겨우 이끌어 총선까지 도달했다. 여당의 공천으로 국회의원 후보라는 명찰을 달았다. 엄청난 언론의 공격이 자신에게 향했다. 검찰은 계속 조사를 위해 그를 불러댔다. 가도 매일 같은 질문만을 반복했다. 국민들에게 범죄 혐의가 있다는 걸 인식시키기 위한 검찰의 계략이라는 걸 뻔히 알면서도 당해야만 했다. 그래도 사람들의 관심은 어느 후보보다 뜨거웠다. 과연 조국이될까? 라는 의문을 품은 많은 이들이 그의 연설현장에 찾아왔다. 헌데 한 가지 의문점이 생겨났다. 환호하는 이들이 많아지는 만큼 야유하는 무리들도 그가가는 곳들을 따라왔다. 마스크를 했지만 똑같은 이들이 쫓아다닌다는 것을 알 수 있었다. 그와 동행하는 자원봉사자들이 야유하는 이들의 신원을 확인하고 야당 쪽 관계자들이라는 것을 알아냈지만 언론은 누구도 보도하지 않았다.

조국을 편드는 유튜버나 논객들은 검찰의 강도 높은 조사를 받아야만 했다. 허위사실 유포와 공직자 명예실추, 명예훼손들의 고소고발이 끊이지 않았다. 검찰은 고소가 들어오는 즉시 48시간 안에 그들에 대한 조사에 착수했다.

비극은 여기에서 끝나지 않았다.

새로운 인물들로 새롭게 태어난 여당에 대한 기대감이 높은 국민들이었다. 하지만 방송과 신문의 사설들은 모두가 비판적인 의견들만 내놓고 있었다. 깨끗한 정치, 정의를 외치는 그들에 대한 신선함을 강조하기보다 초짜티가 나는 윤리선생님들 같다고 비꼬았다.

정치는 결코 깨끗할 수 없는 곳이라는 말을 그럴싸하게 포장해 국민들이 받아들이게 만들려 노력했다. 그럴 수밖에 없는 게 야당의 인물들은 모두 문제를 일으켰던 이들이었기 때문이다.

"정치를 하다 보면 불결한 일들에 휘말릴 수도 있어요. 적어도 재판 몇 번 받아보고 문제를 일으켜 봤던 정치인들이 정신적으로 흔들리지 않고 자기 소신을 이끌어 나갈 수 있지 않겠습니까? 재판 경험도 없는 이들의 멘탈이 얼마나 약하겠습니까? 거기다가 한 번 따끔하게 국민들에게 회초리 맞았던 사람들이라 오히려 비리를 외면하지 않겠습니까? 사탕도 먹어본 아이가 덜 흔들리는 법입니다. 사탕을 한 번도 먹어본 적 없는 아이가 어떤 맛일지 더 궁금해 하고 흔들리는 것이란 말입니다."

방송국과 신문사설을 장악한 이들의 논리는 아이러니 했다. 이렇게 비리에 너그러운 자들이 조국에 대해서는 완강한 양심가로 돌변했다.

"아내도 구속됐으면서 양심이 있어야죠. 그런 사람이 어떻게 국민을 위해 총선에 나왔다고 주장을 합니까? 개혁이요? 조국 후보 입장에선 해야죠. 그래야 아내를 살릴 수 있으니까요. 공직자가 되겠다는 사람이 어떻게 주변사람들 혐의가 저렇게나 많아요? 이게 말이 됩니까? 장관 사퇴한 이유가 있었던 거예요. 국회의원 해서 검찰을 향해 칼 휘두르려고 철저하게 계획된 사퇴입니다."

세상에 조국 편은 없었다. 어느 한곳도 조국을 대변하는 목소리를 내주지 않았다. 그가 외치려 하면 지식인들은 국민들에게 귀를 막으라 했고 펜을 든 자들은 그의 입을 틀어 막아버렸다. 그가 바라는 이상은 적폐들의 논리며 청산대상이라 온 세상이 떠들어대고 있었다.

조국은 총선을 어떻게 버텨왔는지 기억도 나지 않았다. 아니, 버틴 게 아니었다. 질질 끌려왔다. 쓰러진 상태로 여론에 의해 끌려온 것이다. 그렇게 총선의 마지막 날이 다가왔다. 예전보다 살이 빠져 광대가 선명해진 그는 지친 기색이 역력했다.

조미연이 주방에서 시원한 아메리카노와 홍차를 만들고 있었다. 홍차는 조국 집에서 잘 마시지 않는 메뉴였다. 정성에 정성을 다한 그녀가 소파 테이블에 차를 나란히 올려놨다.

조국이 본능적으로 말했다.

"고마워."

조국이 시원한 커피에 손을 가져가다 홍차를 발견했다.

"홍차 마시려고?"

조미연은 차를 내려놓자마자 자신의 방으로 들어가 가벼운 손가방을 하나 챙겨서 나왔다.

"아니. 난 나갈 거야."

"그럼 이건 누구 건데? 그리고 아빠 혼자 개표방송 보라는 거야?"

"누가 아빠 혼자 보래? 조금 기다리면 그 차 드실 분이 오실거야."

"누구?"

그때 초인종이 울렸다. 조미연이 서둘러 마중하기 위해 밖으로 향했다.

"오셨나 보다."

조국의 머리에는 누구도 그려지지 않았다. 누구도 이 집을 찾지 않았다. 검찰이 압수수색을 하고 가족들이 전부 구속되면서 조미연과 둘만이 지키고 있던 집이었다. 친인척은 소식도 없었다. 혹여나 검찰의 칼날이 자신들에게도 혐의를 씌우고 없는 죄를 물을까 두려웠던 그와 그녀를 멀리할 수밖에 없었다.

조국은 의아한 표정으로 자리에서 일어나 현관으로 걸어 나갔다. 순간 조국이 걸음을 멈췄다.

"대통령님."

문재인이 조국 앞에 서있었다. 조미연이 황급히 자리를 피했다.

"나 친구들하고 볼게. 아빠랑 낯간지러워서 못 보겠

어. 아빠가 당선 되도 그렇고 안 되도 그렇고. 아무튼 좀 그래. 근데, 아빠가 됐으면 좋겠다."

조미연이 문재인에게 꾸벅 인사를 했다.

"재밌게... 아니구나. 그냥 천천히 말씀 나누세요. 안녕히 계세요."

문재인이 미소로 달려 나가는 조미연을 지켜봤다. 현관문이 닫히며 두 남자만이 남겨졌다. 조국을 향해 대통령이 물었다.

"들어가도 될까요?"

총선을 준비하라던 말을 마지막으로 어떤 연락도 서로 주고받지 않았었다. 조국은 문재인에게 부담을 줄까 두려웠다. 가족들이 줄줄이 구속되는 마당에 자칫 전화라도 하게 된다면 청와대 개입설까지 엮을 자들이었기 때문이다. 그저 임정찬의 도움으로 총선을 위한 걸음을 해나가며 청와대와는 거리를 두려 노력했다. 문재인이 수개월 만에 조국에게 물은 것이다.

조국은 슬쩍 웃음을 지었다.

"그럼요. 들어오시죠."

두 남자가 소파에 앉았다. 개표방송을 뚫어져라 바라봤다. 문재인이 먼저 말을 꺼냈다.

"결과가 어떨 거 같아요?"

"너무 불리했습니다. 대통령께서도 잘 아시잖아요."

문재인은 개표방송을 바라보는 보는 반면 조국은 아니었다.

"얼굴이 많이 야위셨습니다."

조국이 문재인의 뚜렷해진 턱선과 홀쭉해진 볼을 보며 말했다.

"우리 조 후보도 몰골이 말이 아닌데요."

여전히 문재인은 조국을 돌아보지 않았다.

"내가 차마 미안해서 볼 수 없을 만큼, 야위었네요. 기사 사진으로 볼 땐 이 정도일 줄은 몰랐는데."

문재인이 돌아보지 않는 이유를 설명했다. 조국이 고개를 떨궜다.

"공격 많이 당하시던데요. 노무현 대통령님 때보다 더."

"무현이가 그러라고 있는 자리가 이 자리라고 합디다."

문재인이 웃었다. 살이 빠진 그의 웃음이 외로워 보였다. 조국이 덩달아 웃었다. 두 사람의 웃음이 비슷해보였다.

"저보다 더 힘드셨을 것 같습니다."

"오늘로 끝이겠지요."

"다시 시작일 수도 있고요."

"정말 어떨 거 같아요?"

문재인이 고개를 살짝 돌려 조국을 바라봤다.

조국은 대답 대신 가만히 TV로 고개를 돌렸다. 출구조사 그래프가 보였다. 야당의 압승이었다. 뿐만 아니라 선거기간 내내 단 한 번도 상대후보보다 지지율이 앞섰던 적이 없었던 그였다.

조국은 한참동안 뚫어져라 TV를 바라봤다. 문재인이 인내심을 가지고 대답을 기다리며 그와 함께 TV를 시청했다.

진지하게 TV 속 개표방송 진행자의 이야기를 듣고 있던 조국이 조심스럽게 입을 열었다.

"개혁 완수를 위해 국민이 절 선택해줬다고 믿습니다."

"아니라도 받아들인 건가요?"

"아니었다면 우리가 틀린 것이었겠죠. 개혁은 국민들이 아닌 우리의 욕심이었다고 생각하겠습니다. 우리만의 생각과 오만이 국민을 대변한다고 판단하게 만들었다고요."

문재인이 조국을 보며 말했다.

"그래요? 그럼 오늘 알 수 있겠네요, 우리가 국민들을 대변했는지, 아니면 우리만의 욕심이었는지."

조국이 문재인을 바라봤다.

"대통령님."

"네."

"만약 우리가 틀렸다면 포기하시겠습니까?"

문재인이 대답과 물음을 동시에 던졌다.

"어차피 난 이번 총선에 패배하면 더는 아무것도 할 수 없습니다. 아마 날 반대했던 권력자들은 더욱 엄청난 사건들을 만들어서 날 공격할 테니까요. 조 후보는 어때요? 오늘 국민에게 선택받지 못한다면 포기하시겠어요?"

조국이 잠시 생각에 잠겼다. 이번에도 문재인은 기다렸다. 두 남자 사이의 정적은 어색하지 않았다. 평온하고 따뜻했다. 개표방송만이 계속 흘러나오는 가운데 진행자는 두 남자가 실패했다고 쉬지 않고 떠들어 대고 있었다.

"집권여당의 탄생은 힘들 것으로 보입니다. 이렇게

된다면 현재 문재인 정부가 진행했던 모든 정책들이 동력을 잃을 가능성이 클 것으로 보입니다."

조국이 말했다.

"그래도 걸어가보렵니다, 저는. 대통령님께서 포기하신다고 하더라도 가겠습니다. 만약 국민의 선택을 받지 못한다 하더라도 그건 아직 국민들이 우리의 진심을 모르기 때문일 겁니다. 아까 한 말 취소하겠습니다. 우린 틀리지 않습니다. 오만하지 않습니다. 우리만의 욕심이 아닙니다. 이미 노무현 대통령님과 대통령님께서 증명하셨지 않습니까? 국민이 원하는 것이 무엇인지를요. 제가 부족했기 때문인 것입니다. 잠시 치졸하게 국민에게 잘못을 돌리려 했습니다. 부끄럽게도 잠시 나약해 졌습니다."

문재인이 이슬이 맺힌 홍차가 담긴 컵을 잡았다. 멍하니 컵 안에 자신을 비춰봤다 조국 말대로 살이 많이 빠져있었다. 천천히 홍차를 한 모금 마시고는 입을 열었다.

"내가 언제 포기한다고 말한 적 있습니까? 더는 아무것도 할 수 없다고 말했을 뿐입니다. 아무것도 할 수 없다고 포기하는 건 아닙니다. 정권이라는 건

무조건 국민이 바라기 때문에 탄생합니다. 국민이 바라는 것들을 포기한다는 건 결국 정권을 내려놓는다는 말과 같습니다. 총선에 패배한다면 우리의 개혁은 무너지겠지만 그래도 포기하지 않으려고 합니다. 노무현 대통령이 그랬던 것처럼 말입니다."

두 남자는 말없이 개표방송을 바라봤다.

"드디어 모든 개표가 끝났습니다."

개표방송 진행자가 마지막 말을 전했다. 확연한 표차이를 확인시켜줬다.

새벽이 찾아왔다.

조국이 TV를 껐다.

문재인이 잠시 멍하니 꺼진 TV를 바라봤다. 어두운 거실은 두 남자의 감정을 고요하게 만들었다.

정적을 깨뜨린 문재인이 물었다.

"무현이 그 사람이 내게 마지막으로 남긴 말이 뭐였는지 아나?"

문재인이 처음으로 조국을 향해 말을 놓았다. 낯설지 않았다. 오히려 훨씬 자연스럽게 서로의 대화가 오고 가는 듯 했다.

"뭡니까?"

조국도 한결 가볍게 한 꺼풀 예의를 벗어던진 말투였다.

"검찰청에서 밤샘 조사 후 함께 무현이 집으로 들어갈 때였네. 그날도 오늘과 비슷했어. 이렇게 어두운 거실에 들어서서 소파에 주저앉은 우린 아무 말도 하지 않았지."

어둠이 문재인의 목소리에 담긴 절절한 그리움을 조국에게 전해줬다. 두 남자의 아픈 심장은 끝내 눈물을 만들었다.

3

아무 말도 하지 않던 노무현이 아주 오랜 침묵 끝에 입을 열었다.

"재인아 피곤해?"

문재인은 빠르게 대답했다.

"아니."

"내가 문득 궁금해서 그러는데 자네 십년 뒤에 뭘 하고 있을 것 같아?"

"그게 갑자기 왜 궁금해? 지금 그게 궁금할 때야?"

노무현이 웃음을 담고 말했다.

"대통령이 되어 있으려나? 나처럼?"

문재인은 답답함을 토로했다.

"난 자네 걱정 때문에 한시도 내 생각 할 틈이 없어. 그러니까 부탁 좀 하자. 자네도 자네 생각을 좀 해."

노무현은 딴소리를 냈다.

"민주주의 최후의 보루는 깨어있는 시민의 조직된 힘입니다."

문재인이 물었다.

"무슨 소리야?"

노무현이 부탁의 소리를 냈다.

"만약 시간이 지나서 자네가 대통령 선거에 나가거든 꼭 국민들 앞에서 말해줘."

문재인이 아무 말도 하지 않았다. 노무현이 떨림을 안고 슬픔을 담아 다시 부탁했다.

"국민들에게 꼭 말해주고 싶은 말인데 지금 내가 말해버리면 국민들이 받아들이기 어려울 것 같아서. 나중에 내 모든 게 밝혀진 다음 자네가 꼭 국민들에게 말해줬으면 좋겠어. 부탁하네. 꼭 부탁하네."

문재인이 미안함을 가득 담아 고백했다.

"그때 난 무현이에게 내 미래를 말해주지 않았어. 그게 얼마나 한이 되던지. 무현이는 내 이야기를 통해 희망을 얻고 싶었던 거야. 미래를 상상하며 당장 비틀거리는 자신을 견디고 싶었던 거야. 그리고 편안히 눈감고 싶었던 거야. 내 미래를 상상하면서. 내가 꼭 국민들에게 이야기를 전해줄 거라 믿으며....."

조국이 아무 말도 하지 않았다. 입술을 깨물고 그리움을 삼켜내는 것만이 할 수 있는 전부였다. 문재인의 입도 더 이상 아픔을 토해내지 않았다. 애써 꺼낸 기억을 다시 가슴 깊숙한 곳에 밀어 넣으려 노력했다. 하지만 터져버린 기억은 숨겨지는 것을 거부했다.

문재인이 하늘을 향해 고백했다.

"자네 말대로 대통령이 되었지."

조국은 눈을 감았다. 고요히 문재인이 하늘을 향해 들려주는 이야기에 집중하고 싶었다.

"자네가 남겨준 말을 전해들은 국민들이 나를 이끌어줬어. 자네 생각이 맞았네. 그리고 앞으로도 맞을 걸세. 우리에겐 민주주의 최후의 보루인 깨어있는 국민들이 함께 걷고 있으니까."

얼마나 지났을까?

아침이 밝아왔다. 그리움은 새벽과 함께 찾아와 아침까지 머무르고 있었다. 이제 그리움을 보내려는 듯 문재인이 천천히 소파에서 몸을 일으켰다.

조국도 함께 일어났다.

문재인이 고개를 숙였다.

조국도 함께 고개를 숙였다.

문재인이 천천히 허리를 세우며 말했다.

"이제 가보겠습니다. 앞으로 할 일이 많아질 듯합니다."

조국이 말했다.

"연락은 여전히 힘들 것 같습니다. 대통령님이나 저나."

문재인이 웃었다.

"그런 자리입니다. 우리가 서있는 곳들이. 하지만 같은 마음으로 나아가지 않겠습니까?"

"이제 퇴임하실 때 뵐 수 있으려나요?"

"그때 새로운 대통령과 함께 들어오시면서 만나는 것도 괜찮지 않겠습니까?"

조국도 웃었다.

"그럴까요?"

문재인이 돌아서며 마지막 응원을 남겼다.

"뭐. 국민들과 함께 직접 정권을 바꾸시는 것도 좋은 방법인 것 같습니다."

조국이 문재인의 등을 뜨겁게 바라봤다.

문재인이 문을 열고 나가며 희망의 미래를 꿈꿨다.

"기다리고 있겠습니다. 퇴임하는 날, 청와대에서."

작가 이야기

이 작품은 꽤나 할 말이 많다. 그리고 분명히 짚고 넘어 가야 하는 부분이 있다.

이 작품은 말 그대로 소설이라는 순수창작품이라는 점 이다.

고 노무현 대통령님과 문재인 대통령님, 민정수석과 법무 부 장관을 지내신 조국 전 장관님의 이름을 사용한 건 내가 작품 속에서 보여주고 싶었던 외형과 목소리, 성향을 가지 고 계셨기 때문이다. 내 전 작품들을 본다면 이해가 빠를 것이다. 난 소설 속 인물들에 대한 외형적 묘사를 전혀 그려 넣지 않는다. 그저 인물의 성격이나 행동을 통해 독자들이 자유롭게 상상하도록 유도를 하는 편이다. 하지만 이번 작 품은 꼭 외형적 모습을 표현하고 싶었는데 이름만으로 표현 될 수 있으며 내가 꼭 표현하고자 하는 분들의 외형이 일치하는 기적과도 같은 우연이 찾아온 것뿐이다.

소설 속에 나오는 모든 인물들이 역시 상상 속 허구의 인물들이라는 걸 반드시 명심해주셨으면 좋겠다.

내 소설 터널이 세월호를 연상케 한다는 이야기들이 있었지만 터널은 세월호보다 먼저 쓰였다는 걸 알고 있는 독자들이라면 나를 이해해주실 것이라 믿는다.

하지만 작품을 읽고 현실과 똑같다고 확신하는 독자들에게 아니라고 강력하게 부인할 자격 또한 없다.

작품을 읽는 사람의 해석은 모두 존중되어야 하기 때문이다.

작가의 의도 따위를 애써 생각하지 않아도 괜찮다는 말이다.

사실 이 소설에 의도 따위는 없다. 그저 본능적인 손놀림이 무작정 쓰게 만들었던 신기한 경험을 한 소설이기 때문에 나도 의도가 뭔지 잘 모르겠다.

그렇기에 더욱 독자들에게 묻고 싶어진다.

이 작품을 보며 어떤 느낌을 받았는지 어떤 의도를 찾았는지 말이다. 나도 궁금한 부분인지라 더 무엇을 말할 것도 없다. 의도하지 않았지만 반드시 독자들은 나도 모르는 의도와 숨겨진 의미를 찾을 수 있을 것이라 믿는다.

독자는 작가보다 현명하고 진취적인 존재다. 작가는 작품 안에 갇혀 있지만 독자는 그렇지 않다. 더 넓은 시야를 확보한 이들은 더 많은 것들을 볼 수 있다.

해석하고 분석할 필요도 없는 이 작품에 대해 과연 독자들은 어떤 생각을 가질지 무척이나 궁금해지는 집필의 마지막 날이다.

특별한 날이다.

새벽 3시를 넘어가는 지금, 오랜만에 단잠을 청할 수 있다는 기대보다 더 크게 다가오는 감정이 있다.

바로 슬픔이다.

슬프다.

슬퍼진다.

슬픔이 나를 끝없이 잠식해가고 있다.

이 슬픔 속에서 기지개를 펴고 깨어날 나를 상상해본다.

이 글을 읽는 독자들이 나를 깨워줄 것이라 믿어본다.

2020년, 2021년에 있을 많은 일들이 나를 구원해주길 바라본다.

기억은 기적을 만든다.

내가 가장 좋아하는 말이다.

내가 바라는 건 단 하나. 별다른 의미도 없고 그냥 그렇게 흘러가는, 극적인 요소도 부족하고 크게 뭔가를 이야기하지도 않는 이 작품을 부디 독자들이 기억해주시길.

그 기억이 분명 기적을 만들 것임을 확신하는 나를 한 번만 믿어주시길.

기억이 기적을 만들어 우리가 소망했던 상상이 현실이 되는 순간을 함께 맞이해주시길!

소재원

약자를 대변하는 소설가.

작가 소재원은 1983년 전북 익산에서 태어나 26살 젊은
나이에 작가로 데뷔했다. 데뷔작이었던 「나는 텐프로였다」
가 10주 연속 베스트셀러에 올랐고 윤종빈 감독 연출의 영화
〈비스티 보이즈〉로 제작되었다. 아동성범죄의 경각심을 일
으킨 2013년 이준익 감독의 영화 〈소원〉과 2016년 김성훈
감독, 하정우, 배두나 주연 〈터널〉의 원작소설 작가로도 알
려져 있다. 2018년 MBC 드라마 〈이별이 떠났다〉의 대본을
썼다. 2008년 데뷔 후 11년 동안 다섯 작품을 영화 원작으로
계약했고 일제의 숨겨진 만행을 써낸 소설 「그날」과 가습기
살균제 문제를 폭로한 소설 「균」 등도 영화화 준비중이다.
그는 사회적 약자들과 우리가 마주해야 할 진실을 담은 소설
을 가지고 사회적 활동에 앞장서고 있다.